在豁兒豁納黑卓原上，
在忽勒答合兒山崖前，
在枝葉茂盛的大樹下，
　彼此互稱安答，
　互相親密友愛，
　舉行盛宴相慶，
　夜間同衾而眠。

經典3.0
ClassicsNow.net

世界征服者實錄
蒙古秘史
The Secret History of the Mongols

蕭啟慶 導讀
孟松林 攝影

他們這麼說這本書
What They Say

插畫：林正達

描寫
遊牧英雄生活的
珍品

姚從吾

📅 1894 ～ 1970

💬 歷史學家姚從吾在《漫談元朝秘史》一文中，說道：「《秘史》是成吉思汗的一種實錄，也是一部很難得的元朝開國初期的直接史料。而且大部分是『當事人自述甘苦』，所以生動親切。《秘史》中敘述成吉思汗一生事蹟，親切細密，富於草原風味，不但是描寫遊牧英雄生活的珍品，也是漢代帝王的傳記中所沒有的。」

鄭振鐸

📅 1898 ～ 1958

💬 學者鄭振鐸在出版的《插圖本中國文學史》中，對於此書表達自己的看法，他認為：「《元秘史》（即《蒙古秘史》）為最可注意的偉大的白話文作品，其天真自然的敘述，不知要高出憔憔無生氣的古文多少倍！我們如果拿《元史太祖本紀》等敘同一的事蹟的幾段來對讀，便立刻可以看出這渾樸天真的白話文是如何地漂亮而且能夠真實地傳達出這遊牧的蒙古人的本色來了。」

天真自然的敘述
不知要高出
憔憔無生氣的古文
多少倍！

唯一的
由中亞遊牧民族
編寫的史著

沙·比拉 Shagdaryn Bira

📅 1927 ～

💬 蒙古的歷史學家沙·比拉在《蒙古史學史》一書中，談到《秘史》的定位：「這部史籍証明，蒙古史學史從它誕生之日起，就由於它產生於典型的遊牧環境，不受任何外國史學史和學派的影響，而具有獨特的民族性。迄今為止，《紐察·脫卜察安》（即《蒙古秘史》）依舊是唯一的由中亞遊牧民族編寫的史著。」

張承志

 1948〜

作家張承志認為：「治元史、蒙古文和北方民族史的最寶貴史料，當首推《元朝秘史》（即蒙古秘史）。」他在《歷史與心史》中提到：「《元朝秘史》以十二卷不大的篇幅廣泛牽扯了中期蒙古語、突厥語、阿拉伯－波斯語等許多複雜且深奧的語言，又描述著從東西伯利亞直至裏海和西亞廣闊空間的地理、政治、風俗、人事；它既是史料又是史詩，既是信史又是神話。」

既是史料又是史詩
既是信史又是神話

蕭啟慶

 1937〜

這本書的導讀者蕭啟慶，現任台灣清華大學歷史研究所榮譽講座教授。他認為：「此書是唯一存世的十三世紀蒙古人撰寫的歷史著作，也是研究蒙古前期政治、社會及文化的原始史料。不僅是遊牧民族史學史及文學史上的創始之作，而且在中國乃至世界史學史及文學史上也占有獨特地位。」

遊牧民族史學史
及文學史上的
創始之作

你

？

在二十一世紀此刻的你，讀了這本書又有什麼話要說呢？請到classicsnow.net上發表你的讀後感想，並參考我們的「夢想成功」計畫。

你要說些什麼？

書中的一些人物
Book Characters

插畫：林正達

 1162 〜 1227

💬 原名帖木真，出身於乞顏部，蒙古帝國的開創者。他完成統一蒙古後，於1206年召開大會，受推為大汗，「成吉思汗」的尊號即是採用於此時。又採用大蒙古國（Yeke Mongghol Ulus，漢文簡稱大朝）為國號，並進一步改造蒙古社會，鬆散的部族社會改組為嚴密的國家。

成吉思汗

也速該

💬 ? 〜 1171

💬 成吉思汗的父親，因作戰勇猛而贏得「把阿禿兒」的美稱，意即英雄。1171年，也速該攜帶年方九歲的成吉思汗往世代通婚的弘吉剌部德薛禪家求婚。定親之後，也速該將兒子留在德薛禪處，獨自返家。在途中卻被與蒙古部有世仇的塔塔兒人毒死。

孛兒帖

 1161 〜 ?

💬 成吉思汗的妻妾有數十人，分居在四個斡兒朵（宮帳），孛兒帖居於第一斡兒朵，而且排行第一，可以說地位最高。她出身德薛禪家，與成吉思汗剛結婚時曾被蔑兒乞人擄走，後來在返家途中生下一子。她對成吉思汗的大業頗有助益，成吉思汗和札木合分裂，以後獨霸一方，也是出自她的建議。

📅 ？～ 1203

💬 王汗長期以來都是成吉思汗的贊助者，但成吉思汗實力壯大後使他備感威脅，決計除去成吉思汗。成吉思汗為其長子向王汗家族求婚，王汗偽許婚約，準備在成吉思汗赴許婚酒時殺之，但其麾下的兩個牧馬人卻將這一計謀告知成吉思汗，王汗得知謀泄而發兵來攻，成吉思汗因寡不敵眾而敗退。1203年秋，成吉思汗乘王汗舉行宴會時，發動奇襲。經過三天激戰，擊潰王汗主力。王汗在逃入乃蠻時為哨兵捕殺。

📅 ？～ 1204

💬 成吉思汗幼年時兩度與札木合交換信物，結為安答。在成吉思汗崛起的過程中，也曾與札木合結盟，但因為兩人都有稱霸草原的雄心，所以分道揚鑣。
成吉思汗與札木合分手後，兩人展開長達二十年之久的劇烈爭雄。1201年札木合糾合不願服屬於成吉思汗及王汗的貴族，決定進攻成吉思汗，成吉思汗大破札木合聯軍。以後札木合先後投奔克烈及乃蠻，乃蠻覆亡後，他在逃亡途中被部下出賣而淪為階下囚。成吉思汗應其所請，按照傳統處死貴族的方法，賜其不流血而死。

📅 1186 ～ 1241

💬 成吉思汗的第三子，1229年被推舉為繼任人。他繼承成吉思汗的擴張遺志，繼續西征與南下中原。他與宋聯合消滅金國，又啟用耶律楚材為相，整頓內治，經略華北，為未來忽必烈滅宋打下基礎。西征部分，當時拔都已經占領俄羅斯、波蘭、匈牙利，但因為窩闊台去世，西征大軍回師。

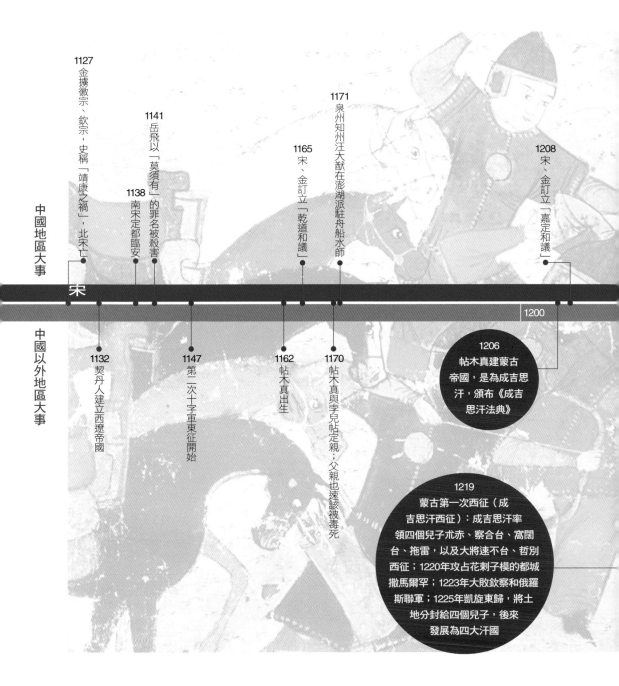

這本書的歷史背景
Time Line

中國地區大事

宋

1127
金擄徽宗、欽宗，史稱「靖康之禍」，北宋亡

1138
南宋定都臨安

1141
岳飛以「莫須有」的罪名被殺害

1165
宋、金訂立「乾道和議」

1171
泉州知州汪大猷在澎湖派駐舟船水師

1208
宋、金訂立「嘉定和議」

1200

中國以外地區大事

1132
契丹人建立西遼帝國

1147
第二次十字軍東征開始

1162
帖木真出生

1170
帖木真與孛兒帖定親；父親也速該被毒死

1206
帖木真建蒙古帝國，是為成吉思汗，頒布《成吉思汗法典》

1219
蒙古第一次西征（成吉思汗西征）：成吉思汗率領四個兒子朮赤、察合台、窩闊台、拖雷，以及大將速不台、哲別西征；1220年攻占花剌子模的都城撒馬爾罕；1223年大敗欽察和俄羅斯聯軍；1225年凱旋東歸，將土地分封給四個兒子，後來發展為四大汗國

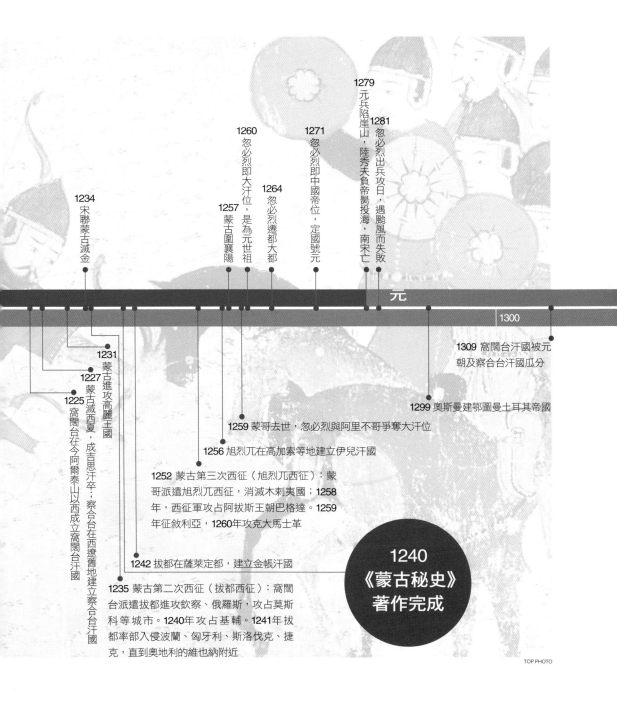

1279 元兵陷崖山，陸秀夫負帝昺投海，南宋亡

1281 忽必烈出兵攻日，遇颱風而失敗

1271 忽必烈即中國帝位，定國號元

1260 忽必烈即大汗位，是為元世祖

1264 忽必烈遷都大都

1257 蒙古圍襄陽

1234 宋聯蒙古滅金

元

1300

1309 窩闊台汗國被元朝及察合台汗國瓜分

1299 奧斯曼建鄂圖曼土耳其帝國

1259 蒙哥去世，忽必烈與阿里不哥爭奪大汗位

1256 旭烈兀在高加索等地建立伊兒汗國

1252 蒙古第三次西征（旭烈兀西征）：蒙哥派遣旭烈兀西征，消滅木剌夷國；1258年，西征軍攻占阿拔斯王朝巴格達。1259年征敘利亞，1260年攻克大馬士革

1231 蒙古進攻高麗王國

1227 蒙古滅西夏，成吉思汗卒；察合台在西遼舊地建立察合台汗國

1225 窩闊台任今阿爾泰山以西成立窩闊台汗國

1242 拔都在薩萊定都，建立金帳汗國

1235 蒙古第二次西征（拔都西征）：窩闊台派遣拔都進攻欽察、俄羅斯，攻占莫斯科等城市。1240年攻占基輔。1241年拔都率部入侵波蘭、匈牙利、斯洛伐克、捷克，直到奧地利的維也納附近

1240
《蒙古秘史》
著作完成

TOP PHOTO

7

主角成吉思汗的事情
About Genghis Khan

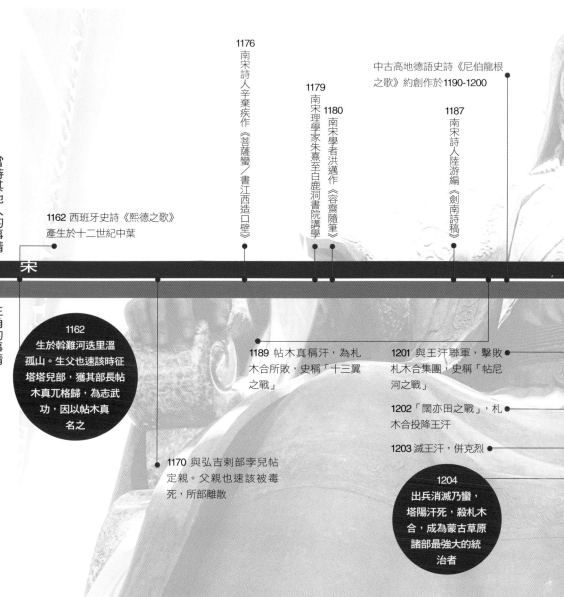

當時其他人的事情

1176
南宋詩人辛棄疾作《菩薩蠻／書江西造口壁》

1179
南宋理學家朱熹至白鹿洞書院講學

1180
南宋學者洪邁作《容齋隨筆》

中古高地德語史詩《尼伯龍根之歌》約創作於1190-1200

1187
南宋詩人陸游編《劍南詩稿》

1162 西班牙史詩《熙德之歌》產生於十二世紀中葉

宋

主角的事情

1162
生於斡難河迭里溫孤山。生父也速該時征塔塔兒部，獲其部長帖木真兀格歸，為志武功，因以帖木真名之

1189 帖木真稱汗，為札木合所敗，史稱「十三翼之戰」

1201 與王汗聯軍，擊敗札木合集團，史稱「帖尼河之戰」

1202 「闊亦田之戰」，札木合投降王汗

1203 滅王汗，併克烈

1170 與弘吉剌部孛兒帖定親。父親也速該被毒死，所部離散

1204
出兵消滅乃蠻，塔陽汗死，殺札木合，成為蒙古草原諸部最強大的統治者

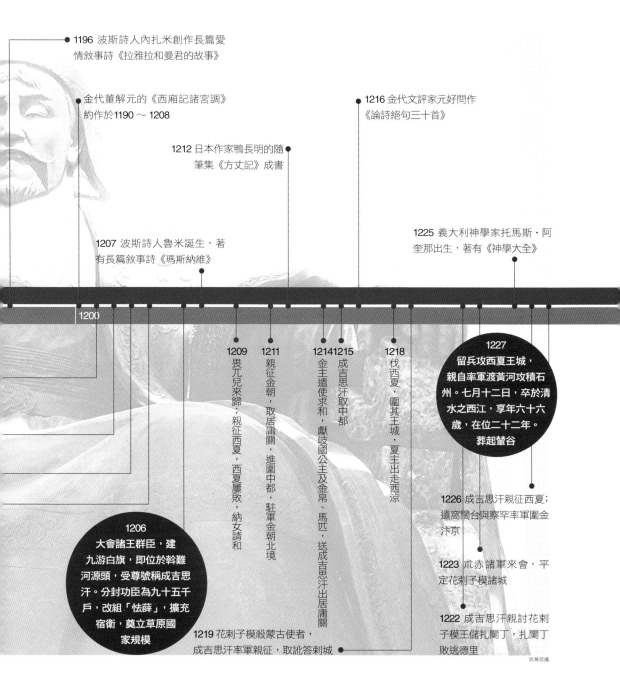

1196 波斯詩人內扎米創作長篇愛情敘事詩《拉雅拉和曼君的故事》

金代董解元的《西廂記諸宮調》約作於1190～1208

1216 金代文評家元好問作《論詩絕句三十首》

1212 日本作家鴨長明的隨筆集《方丈記》成書

1225 義大利神學家托馬斯‧阿奎那出生，著有《神學大全》

1207 波斯詩人魯米誕生，著有長篇敘事詩《瑪斯納維》

1200

1209 畏兀兒來歸；親征西夏，西夏屢敗，納女請和

1211 親征金朝，取居庸關，進圍中都，駐軍金朝北境

1214 金主遣使求和，獻岐國公主及金帛、馬匹，送成吉思汗出居庸關

1215 成吉思汗取中都

1218 伐西夏，圍其王城，夏主出走西涼

1227
留兵攻西夏王城，親自率軍渡黃河攻積石州。七月十二日，卒於清水之西江，享年六十六歲，在位二十二年。葬起輦谷

1226 成吉思汗親征西夏；遣窩闊台與察罕率軍圍金汴京

1223 朮赤諸軍來會，平定花剌子模諸城

1206
大會諸王群臣，建九游白旗，即位於斡難河源頭，受尊號稱成吉思汗。分封功臣為九十五千戶，改組「怯薛」，擴充宿衛，奠立草原國家規模

1222 成吉思汗親討花剌子模王儲扎闌丁，扎闌丁敗逃德里

1219 花剌子模殺蒙古使者，成吉思汗率軍親征，取訛答剌城

原幕苦編

9

這本書要你去旅行的地方
Travel Guide

肯特山

TOP PHOTO

● **肯特山** 蒙古聖山，中國漢代稱狼居胥山。根據《蒙古秘史》，成吉思汗葬於肯特山。

烏蘭巴托

● **成吉思汗行宮** 是一座具有濃郁民族特色的草原風情旅遊點。由一座金頂大帳、兩座側殿、選汗台、射獵場、賽馬場、大戰車等組成。設有文物陳列館、以及供遊人娛樂的射箭、賽馬場、摔跤場。

哈拉和林

Frithjof Spangenberg 攝

● **烏龜石** 1220年，成吉思汗把蒙古都城設在哈拉和林，草原帝國由此誕生。1235年窩闊台在此興建宮殿，後來被明朝軍隊所毀。如今蒙古帝國原都城的建築物，僅留下「烏龜石」兩座。

賓代爾

杜蘊慈、黃惠玲 攝

● **成吉思汗出生地** 關於成吉思汗的出生地，蒙古國史學家有不同的推測。有人推測是賓代爾境內鄂嫩河西岸、肯特山旁的「迭里溫孤山」。

《蒙古秘史》紀念碑

孟松林 攝

《蒙古秘史》成書750周年時設立的紀念碑。石碑上刻有成吉思汗全身像，上方和背面用古體蒙古文寫著《蒙古秘史》完成的年代，兩側刻有蒙古各部族的「族徽」。

鄂嫩河

杜蓬慈·黃惠玲攝

● **鄂嫩河** 古稱斡難河，位於蒙古和俄羅斯境內，起源於肯特山東麓，相傳是成吉思汗的誕生地。

達達勒

TOP PHOTO

● **成吉思汗出生地** 關於成吉思汗的出生地，蒙古國史學家有不同的推測。肯特省達達勒境內巴拉吉河南岸的「迭里溫孤山」，也有人推測是成吉思汗的出生地。

烏蘭浩特

Fanghong攝

● **成吉思汗廟** 座落在興安盟烏蘭浩特市罕山之巔，始建成於1940年，這座廟宇融合了漢、蒙、藏三個民族建築風格於一體，陳列有元代的兵器，服裝，瓷器等複製品。

鄂爾多斯

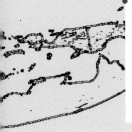

Fanghong攝

● **成吉思汗陵** 坐落在內蒙鄂爾多斯市伊金霍洛旗甘德利草原上，由於蒙古族盛行「密葬」，所以真正的成吉思汗陵究竟在何處始終是個謎。現今的成吉思汗陵乃是一座衣冠塚。

● **阿爾寨石窟** 又名百眼窯，傳說成吉思汗第六次征伐西夏時，以阿爾寨石窟附近為大軍總指揮部，並在此養傷療疾。阿爾寨石窟始鑿於北魏中期，以西夏、蒙元時期最盛。石窟內有近千幅壁畫。

目錄 世界征服者實錄 蒙古秘史
Contents

封面繪圖：林正達

全書是由散文與韻文所組成，其中甚多篇章都是英雄史詩，洋溢濃郁的草原氣息。不僅是遊牧民族史學史及文學史上的創始之作，而且在中國乃至世界史學史及文學史上也佔有獨特地位。

成吉思汗與蒙古高原

我們立你做汗！　　　　　　把宮帳、帳房，
帖木真你做了汗啊，　　　　拿來給你！
眾敵在前，　　　　　　　　我們要把異邦百姓的美麗貴婦和美女，
我們願做先鋒衝上去，　　　把臀節好的騙馬，
把美貌的姑娘、貴婦，　　　擄掠來給你！

1.0

導讀

蕭啟慶

台灣中央研究院院士，台灣清華大學歷史所榮譽講座教授，
以蒙元史研究馳譽海內外，著有《元朝史新探》、《蒙元史新研》、《元朝史新論》等。

要看導讀者的演講，請到ClassicsNow.net

成吉思汗（**1162-1227**）是一位影響廣大，爭議甚多，並且永具大眾魅力的歷史人物。而有《成吉思汗實錄》之稱的《蒙古秘史》則是一部具有重大歷史與文學價值，卻又充滿迷思的經典著作。

就成吉思汗而言，一方面，他及他的子孫征服大半個歐亞大陸，創建歷史上最大的陸上帝國，世界政治與文化地圖因而永遠改變。一方面，七百年來，成吉思汗的歷史地位聚訟紛紜，莫衷一是。即使在現代，他的評價仍是一個高度政治性與情緒性的課題，不斷隨著國際政治發展而變化。以一個古代人物而具有如此巨大現實意義，可說極為罕見。另一方面，成吉思汗作為一個征服世界者，一生充滿傳奇與英雄色彩，足以吸引大眾注意，因而成為通俗傳記、電影、電視製作者最為寵愛的主題。

《蒙古秘史》是十三世紀前期蒙古宮廷作者根據神話、傳說及文字記錄而撰寫的一部大蒙古國崛興史。內容涵蓋成吉思汗的先世及其繼承者窩闊台汗（《秘史》作斡歌歹）的歷史，重點則是成吉思汗歷盡艱辛，削平群雄、統一蒙古及開創世界帝國的一生事業。此書是唯一存世的十三世紀蒙古人撰寫的歷史著作，也是研究蒙古前期政治、社會及文化的原始史料。全書是由散文與韻文所組成，其中甚多篇章都是英雄史詩，洋溢濃郁的草原氣息。此書不僅是遊牧民族史學史及文學史上的

TOP PHOTO

（上圖）牽馬的蒙古獵手，繪者不詳。
（右圖）匈奴武士騎馬射箭圖，繪者不詳。

創始之作，而且在中國乃至世界史學史及文學史上也占有獨
特地位。

　　由於成吉思汗是《秘史》的主角，要瞭解此書的內容及其
意義，必先知道成吉思汗的生平及其歷史地位，因此本導讀
分為兩部分，先敘述成吉思汗，然後介紹《秘史》。

早期蒙古社會

十二、三世紀之交，蒙古仍是一個逐步凝聚的民族共同體，蒙古草原的新主人。幾千年來，曾有無數的遊牧民息生於蒙古草原上。按照近代民族學的分類，古來蒙古草原上的遊牧民族分屬於阿爾泰語系中的突厥語族及蒙古語族。匈奴、突厥、回鶻、黠戛斯屬突厥語族，東胡、鮮卑、柔然、室韋、契丹、蒙古則屬於蒙古語族。

最早的蒙古人來源於東胡，唐代稱蒙兀室韋，在俱倫泊（呼倫池）以北，傍望建河（額爾古納河）而居。九世紀時，原來稱霸蒙古草原的回鶻、黠戛斯相繼敗亡，種人遷離。大約在九世紀後期與十世紀初年蒙古各部向西滲透與發展，此後即與突厥遺民混居，蒙古語便是蒙兀室韋語與突厥語結合而成。十二世紀初年，西遷蒙古人中的一支，也就是成吉思汗所出自的蒙古部，遊牧於斡難、客魯連、土兀剌三河的源頭。當時蒙古部周圍尚有一些其他部落，主要為塔塔兒、克烈、蔑兒乞及乃蠻等部。這些部落的種族背景及文化水準不盡相同。有的是突厥化較深的蒙古人，有的是蒙古化較深的突厥人，有的是以遊牧營生的「氊帳中百姓」，有的則是以採集、狩獵維生的「林木中百姓」。背景既多歧異，種族認同遂甚模糊，僅在成吉思汗統一各部以後，這些部落的人民始融合為一體，「蒙古族」始告出現。

十二世紀時，由於生產力的發展及突厥與畏兀兒（西遷後

（右圖）壁畫中的回鶻人牽引圖。蒙古部族便是在回鶻與黠戛斯人遷離後，逐漸稱霸蒙古草原。

之回鶻）文化的影響，蒙古各部正跨越文明的門檻，而其社會組織也由氏族制向封建制轉變。蒙古的氏族（obogh）原係一個父系外婚單位，其成員自認皆來自一共同祖先，具有共同祭祀、生產及戰鬥的功能。但是，由於頻頻戰爭與貧富分化，氏族遂演變為血緣成分不盡相同、階級互異的複合組織。其中有世擁統治權的貴族──那顏（noyan），被統治的平民及俘自他族的奴隸，更有自他族投奔而來的「伴當」

（那可兒，nokor）。這些伴當僅為主君個人的附庸，而不屬於氏族全體。平日為主君操勞家務，戰時則領軍出征，相當於歐洲中古的騎士，具有魅力的主君，多擁有為數龐大的伴當，因而勢力大增。發展至此，氏族（clan）與部族（tribe）已無可分辨。

各氏族與部族之間為了掠奪財富、報復血仇或擴大權力，幾個部族常結為聯盟，共擁一汗為領袖。不過，這種「汗」僅為迎合戰爭需要而產生，並無長久的權力，算不上是一個國家的君主。而各氏族與部族領袖為壯大聲勢，又往往結為「安答」（anda，盟友），誓相扶持。十二世紀後期蒙古人這種合縱連橫，通過戰爭而趨於統一的情形，和中國史上戰國時代的情勢有幾分相似，真正的蒙古「國家」（state）仍在蘊釀之中。

成吉思汗的興起

成吉思汗出身潢貴，卻經歷極為艱辛的少年時代[1]。

成吉思汗（1162-1227），原名帖木真，1162年出生於蒙古部族聯盟中的貴族之家。當時蒙古部中最為強大者為乞顏部及泰亦赤烏部，兩部同出一源，其領袖輪替擔任聯盟的統治者——汗。成吉思汗的曾祖合不勒及其叔祖忽圖剌都屬於乞顏部，皆曾膺選為汗。其父也速該雖未被選為汗，卻也擁有甚多部眾，因作戰勇猛而贏得「把阿禿兒」的美稱，意即英雄[2]。

1171年，也速該攜帶年方九歲的成吉思汗往世代通婚的弘吉剌部德薛禪家求婚。定親之後，也速該將兒子留在德薛禪處，獨自返家。在途中卻被與蒙古部有世仇的塔塔兒人毒死。不久，原與乞顏部共同遊牧的泰亦赤烏部便拋棄也速該的孤兒寡婦而去，並帶走原屬也速該的家丁、屬民及軍隊。曾經聲勢浩大的也速該家便立刻破落。他的寡婦一訶額侖一及幾個年幼孩子只好飄蕩在斡難河上游不兒罕山一帶，靠拾野薤、挖草根、捕魚抓鼠充饑，艱辛度日。

（右上圖）迭里溫孤山，成吉思汗的出生地。
（右下圖）成吉思汗出生地紀念碑。1162年，成吉思汗出生於達達勒蘇木的迭里溫孤山，但也有人推測他的出生地其實是在賓代爾，更有俄國學者認為成吉思汗的出生地其實是俄國境內。一代天驕無論是生與死都留給後人不少謎團。

成吉思汗家的災難仍然接踵而至。先是幾年之後，成吉思汗兄弟日益長大，其家力量也逐漸恢復，泰亦赤烏的首領為杜絕後患，便發動突襲，俘擄了成吉思汗。成吉思汗幸而得以逃脫。繼之而至的是蔑兒乞人為報復當年也速該劫走他們所娶的新婦（即訶額侖）的舊恨，乘成吉思汗羽翼未豐，突襲成吉思汗的營盤，成吉思汗及其諸弟雖然逃脫，但其妻子孛兒帖卻因無馬可乘而被俘擄。雖然以後在王汗協助下，得以歸還，卻在返家途中產下一子，即後來金帳汗國創始人朮赤（拙赤），朮赤的血統為人所懷疑。

少年時代的種種苦難造就他堅毅不拔的性格，而他之所以能壯大實力，轉弱為強，主要有賴於下列兩項手段：

一、廣收伴當：成吉思汗憑其天生的魅力，吸引了大量的伴當，他最有名的伴當如四傑（木合黎、孛斡兒出、孛爾忽、赤老溫）及四犬（哲別、忽必來、者勒蔑、速不台〔速別阿台〕）等人，對他的統一蒙古及以後的東征西討都有很大貢獻。

二、善結盟友：成吉思汗早年之所以能克服種種困難，轉弱為強，端賴兩位盟友的幫助：一是王汗脫斡鄰勒，另一是札木合。脫斡鄰勒是實力強大的克烈（克列亦惕）部首領，金朝曾以王號加封，故稱王汗。克烈部信奉景教（Nestorianism），文化水準高於一般蒙古部落。也速該生前曾屢次救他解脫困境，二人結為安答（盟友）。成吉思汗為獲取他的支持，將其妻陪嫁的黑貂皮襖進獻，王汗甚念故友舊情，對成吉思汗說：「你離了的百姓，我與你收拾；漫散了的百姓，我與你完聚，我心下好生記著」[3]，這一承諾對成吉思汗極為重要。以後長期都是他的贊助者。札木合則為札荅闌部首領，札荅闌與乞顏部同出一源，原非一個大部落。札木合則是頗具才幹、活動力甚強的豪傑。成吉思汗幼年時曾兩度與他交換信物，結為安答。此時札木合已成為一頗有實力的領袖，成吉思汗遂與他重申誓約。

在與王汗、札木合結盟後，成吉思汗勢力大增，遂擺脫早

（鄂爾多斯收藏資訊網www.erdsi.net提供）

（上圖）牛角弓。現藏內蒙古蒙元文化博物館。
（右圖右）蒙古汗國獵刀。
（右圖上）蒙古汗國鑄銅頭盔。
（右圖下）蒙古汗國的鐵劍鏃。

TOP PHOTO

TOP PHOTO

TOP PHOTO

21

薩滿教（Shamanism）是北亞遊牧民族固有崇奉的泛神信仰，也是近代蒙古族皈依藏傳佛教前的傳統宗教。這種信仰以天——「騰格里」（Tenggeri）為最高的神，其他人格化或被神化的自然界，都是次於上天的諸神靈。神靈化的上天，蒙古語尊稱為Möngke Tenggeri，元代文獻常譯作「長生天」，寓有「永生的蒼天」之意。《蒙古秘史》本文就是用「上天」一詞作為開始，說明成吉思汗一系的祖先，是承受上天之運而降生的。成吉思汗凡遇大征伐，都要祭天以傳達敬畏心態，藉以宣示自己為天命所歸的真主，並使蒙古人感染一股宗教性的狂熱，相信蒙古民族承恃「長生天」之命，從事征服世界以創建世界帝國的大業。

TOP PHOTO

TOP PHOTO

（上圖）蒙古汗國時代的薩滿教巫師服。
（下圖）蒙古汗國時代薩滿教使用的鐵鼓架。
（右圖）蒙古帝國800週年紀念活動裏，扮演蒙古騎兵者正策馬奔馳。

年的困局。先打敗蔑兒乞部，繼而攻滅蒙古部內實力強大的主兒乞氏和泰亦赤吾氏，擊潰以札木合為首的各部貴族聯盟，乘勝消滅塔塔兒部。1203年又攻滅他長期的贊助者王汗。1204年更擊潰雄踞西蒙古的乃蠻塔陽汗部，完成蒙古高原的統一。這些戰爭的歷史頗為繁複，不及一一備敘。以下僅著重成吉思汗與札木合、王汗及乃蠻塔陽汗爭鬥的故事，這些爭鬥也構成《蒙古秘史》最有趣的內容。

成吉思汗在王汗與札木合支持下，擊敗蔑兒乞人後，與札木合在斡難河上共同宿營，重申盟誓，極為友愛。但在一年半之後，仍不得不分道揚鑣，據《蒙古秘史》，札木合曾說：「成吉思汗，安答！安答！靠近山麓住下罷！我們放馬的可以得到帳蓬住啊。沿著澗邊住下吧！我們放羊，放羊羔的可以得到東西吃呀 ④」。 成吉思汗不解其意，而其妻孛兒帖卻解釋說：「人說札木合『安答』好厭舊。如今到厭煩我們的時候了。方才札木合『安答』所說的，是要圖謀我們的話罷。我們別住下，就這樣一面移動，一面趕快分開，夜間兼程走吧！」札木合的一席話造成成吉思汗與他的分裂。過去俄國東方學前輩巴爾道（W. Barthold）及符拉基米爾佐夫（B. Ia. Vladimirtsov）賦予這席話以階級意義，他們認為，成吉思汗代表牧馬的貴族，札木合則代表牧羊者，是一種新興民主力量。德國學者拉希納斯基（Paul

Ratchnevsky）則表示了相反的看法。這兩種看法皆是捕風
捉影。實際上，蒙古人採取混含遊牧制，不以牧馬為貴，放
羊為賤。成吉思汗、札木合都出身貴族。他們皆有稱霸草原
的雄心，成吉思汗更不甘久居人下，這才是二人分道揚鑣的
真正原因。

成吉思汗與札木合分手後，兩人展開長達二十年之久的劇烈爭雄。大約在1189年，成吉思汗被部分乞顏部貴族推舉為可汗⑤。雖然成吉思汗此時的實力仍不強大，但札木合不能坐視他日益高漲的聲勢，遂糾合泰亦赤烏等十三部，起兵三萬進攻，成吉思汗乃動員部眾和貴族支持者兵力，在克魯侖河上游的答蘭版朱思之野，布列十三翼（圈子）迎戰⑥。關於此役的結果，各種史料有不同的説法。實際情形可能是羽翼仍未豐滿的成吉思汗無法抵禦札木合方面的強大兵力，撤退至斡難河上游地區以避其鋒芒。

在成吉思汗併吞主兒勤、泰赤兀兩部之後，1201年札木合糾合十一部不願服屬於成吉思汗及王汗的貴族，聚會於鍵河（今根河），組成一鬆散的聯盟，會上推舉札木合為「古兒汗」，並決定進攻成吉思汗，成吉思汗整軍逆擊於海剌兒河（今海拉爾河）流域帖尼義魯罕之地，大破札木合聯軍，札木合的聯盟乃告瓦解。以後札木合先後投奔克烈及乃蠻，繼續利用王汗及塔陽汗的力量與成吉思汗爭鬥。乃蠻覆亡後，他在逃亡途中被部下出賣，淪為成吉思汗的階下囚。成吉思汗應其所請，按照傳統處死貴族的方法，賜其不流血而死，結束他這位最親密的安答及主要競爭者的一生。

王汗長期以來都是成吉思汗的贊助者，而成

（右圖）兩個蒙古部族正在戰鬥，出自拉施特《史集》插畫。

data:image/png;base64,...

بعض کوچ کرده امد ویش نوتر نویان دفته ودیکرا باوی بعقب خان سلطنا امزخوب خان ملک سلطان رسید
سلطان بنشت و مقدار فرنکی بش اسیان ازآمد وخوب هم دسیده صفها برکشیده وسلطان مینه بماین
وخود درقلب بایسنا فرموده باتمامت لشکریازد شنه وحلو راسیان سان رستنه وخکی مردانه کرد ن

TOP PHOTO

吉思汗對他也力守臣子之禮。成吉思汗實力壯大後，使他倍
感威脅，加以其子桑昆及札木合的挑撥，王汗決計除去成吉
思汗。成吉思汗為其長子向桑昆求婚，1203年春王汗偽許婚
約，準備在成吉思汗赴許婚酒時殺之，但其麾下的兩個牧馬
人卻將這一計謀告知成吉思汗，成吉思汗乃得預作準備。及

至王汗得知謀泄而發兵來攻，成吉思汗乃與之大戰於哈蘭真沙陀（今烏珠穆沁旗北境）之地。成吉思汗軍因寡不敵眾而敗退。輾轉逃至巴勒渚納湖（班朱尼河，呼倫湖西南），其追隨者僅剩十九人。成吉思汗在水邊向天發誓說：「如果我建樹大業，定與你們同甘共苦，違背這話，有如河水」。

此時可說是成吉思汗事業的另一個低點。幸而此時王汗陣營發生內鬨，札木合等人密謀殺害王汗，謀泄，札木合逃往乃蠻。而王汗又因攻金不利，受到嚴重打擊，給予成吉思汗可乘之機。1203年秋，成吉思汗乘王汗舉行宴會時，發動奇襲。經過三天激戰，擊潰王汗主力。王汗在逃入乃蠻時為哨兵捕殺。強大的克烈部於是覆亡⑦。 至此，成吉思汗已控制蒙古草原的東部與中部。

成吉思汗剩下的強敵唯有乃蠻部。乃蠻部土大民眾，聲勢最強。乃蠻人因受畏兀兒文化的影響，文化較高，人民多信奉景教。不過統治者塔陽汗生性懦弱，且與其家族失和，軍紀渙散。但他卻妄自尊大，在聽到成吉思汗攻滅王汗，欲與他爭奪霸權後，自恃強大的塔陽汗說：「如今那些人也想當大汗嗎？天上有日、月兩個照耀著，地上怎麼可以有兩個大汗呢？咱們去把那些蒙古人捉來吧！」⑧於是他在1204年糾合被成吉思汗擊敗的各部殘兵敗將（包括札木合）出兵東討。成吉思汗聞訊後，立即將其所屬各部改組為一支紀律嚴明的武裝力量，迎戰烏合之眾的塔陽汗軍。雙方在納忽昆山鏖戰一天，乃蠻軍潰散。各種史料對塔陽汗本人的下場記載不一，或說傷重而死，或說被擒殺。

未來兩年，成吉思汗追剿各部殘眾，於是全蒙古乃告統一。

草原國家的規模

完成統一蒙古後，成吉思汗乃於1206年召開大會，受推為大汗，「成吉思汗」的尊號即是採用於此時（成吉思「Chinggis」一詞之意義，或云即海洋，含有普世之意，或云強大、堅強，

（上圖）成吉思汗的名字（蒙文）。
（右圖）成吉思汗向太陽祈禱戰爭勝利，十二世紀波斯繪畫。

27

仍無定論）。又採用大蒙古國（Yeke Mongghol Ulus，漢文簡稱大朝）為國號，並進一步改造蒙古社會，為國家建立制度。過去的遊牧國家組織鬆散，缺乏持久性。成吉思汗則將其國家建立於強固的新基礎之上。其主要措施有：

（一）千戶的編組：成吉思汗廢除原有的氏族、部族組織，而將全部遊牧民都編入九十五個千戶之中，由貴戚、功臣（亦即其伴當）世襲統領。千戶具有行政與軍事雙重功能，「上馬則備戰鬥，下馬則屯聚牧養」。各千戶所屬百姓世代皆不得他投，於是全蒙古皆納入嚴密軍事組織之中。又根據氏族公產的原則，將各千戶配屬於「黃金氏族」（即孛兒赤斤氏，亦即也速該之後裔）諸成員。

（二）怯薛制的建立：「怯薛」（Kesig）為皇家的護衛軍，兼具皇室家事機構、質子營、幹部學校及國家中央行政機構等多種功能。怯薛共轄萬人，皆由已出任千、百戶的伴當之子弟以入為質子的方式充任，延續伴當與大汗之間的私屬主從關係。因而，怯薛是凝聚整個貴族階層的重要組織。

（三）大札撒（Yeke Jasagh）的頒布：大札撒意即大法令，乃是成吉思汗陸續頒布，過去學者多認為大札撒是根據蒙古固有的習慣法而來。沃爾納斯基（George Vernadsky）則主張大札撒是成吉思汗為配合新國家需要而制定的帝國法典（Imperial law）[9]。此一法典要求各國對蒙古的臣服、保障使節及商旅安全、嚴格規定社會各階層對國家應盡的義務，旨在鞏固新帝國的國際、政治及社會秩序。

總之，成吉思汗將蒙古從一鬆散的部族社會改組為嚴密的國家，並加之以鋼鐵般的紀律。於是全蒙古遊牧民皆凝聚於其旗幟之下。其國家組織與過去的遊牧國家遂大不相同，巴菲爾（Thomas J. Barfield）在其所著《險惡的邊疆：遊牧帝國與中國》一書中認為：成吉思汗的政治組織並非草原傳統發展的頂點，而為其偏離[10]，確是不錯。

在統一蒙古草原、建立國家後，成吉思汗於1207至1218

（右圖）成吉思汗施行札撒圖，出自拉施特《史集》插畫。札撒，也就是「成吉思汗法典」，有學者認為這是世界上第一套廣泛運用的成文法典。

29

成吉思汗的營帳，出自拉施特
《史集》插畫。
TOP PHOTO

年間又陸續招降或征服了草原北方與西方的各突厥與蒙古民族，包括北方森林地區的吉利吉思、斡亦剌、禿馬、不里牙惕、八兒忽等部。在同一期間又降服了居住於天山南北的畏兀兒國、巴爾喀什湖東南伊犁河和楚海一帶的哈剌魯部及葉密立（今新疆額敏河附近）一帶的西遼。其中以畏兀兒之歸附最為重要。畏兀兒為唐代回鶻之後裔，西遷之後，吸收了中亞的文明，畏兀兒人成為蒙古人文化的啟蒙者，蒙古文字即是採用畏兀兒字母而創製。

世界征服的開啟與賡續

成吉思汗在統一蒙古草原後，又發動了對南方定居大國的戰爭。對定居國家的戰爭與對北西兩面突厥、蒙古族征服之目的不同。征服後者旨在統一所有遊牧及狩獵民族，壯大進攻定居國家的力量。而進攻前者的主要目的在於掠奪財富與強徵貢賦。其攻夏伐金之初既無征服的意圖，亦無統治的計畫。

在定居國家中，最先受害的是西夏。西夏是以党項族為主體的國家，境土包括今寧夏、甘肅、青海等地區，國人兼營耕牧。西夏自十一世紀建國，曾與宋及遼、金相對峙，但自十二世紀中葉以後，國勢已衰。自1205年至1226年，成吉思汗曾六次揮兵進攻西夏，這些攻擊之目的除去掠奪財富外，也有削弱攻金側背威脅之意。1226年在西征花剌子模的歸途上，以曾拒絕出兵協助西征為藉口，揮軍攻滅立國兩百年的西夏。

金朝是中原大國，曾為蒙古諸部的上邦。十三世紀初年金朝國勢亦衰，而且中原物資豐饒，自然是成吉思汗所垂涎。1211年，成吉思汗以為報復金人曾殺害其祖先為藉口，大舉攻金，以後三年間，屢殲金軍主力。1214年，蒙古攻金京中都（今北京）。金宣宗求和後逃往南京（今河南開封）。1217年成吉思汗出兵西征時，留下「四傑」之首的木華黎負責經略金國。木華黎一改以

TOP PHOTO

TOP PHOTO

（上圖）西夏首領印。
（下圖）西夏文字殘碑。1227年，成吉思汗滅西夏，也死於同一年。

前蒙軍肆行殺掠，得地不守的作法。大肆招攬反金的豪強武裝，即著名的漢人世侯劉黑馬、史天澤等人，為蒙古鞏固了在山西、河北、山東等地區的統治。但成吉思汗生前未能消滅固守河南的金朝。

西征花剌子模（Khwarazm，即《秘史》中的回回）是成吉思汗一生事業的高峰，也是蒙古征服世界的重要一環。花剌子模是中亞的一個伊斯蘭教大國。十一世紀已立國，轄有前蘇聯中亞地區、阿富汗以及伊朗等地。

1219年，成吉思汗以花剌子模邊將屠殺他所派遣的商隊為理由，親率十幾萬大軍西征。真正的動機，除掠奪外，可能是為爭奪絲路貿易的控制權。蒙古軍先後攻佔不花剌（今布哈剌）及新都撒馬耳幹（今撒馬爾罕），皆大肆屠殺。又派哲別、速不台追趕花剌子模沙摩訶末（Muhammad），窮途末路的摩訶末死於裏海中的一個島上。其子扎蘭丁（札剌勒丁，Jalal al-Din）繼位後，力抗蒙古軍。1221年，成吉思汗親自率軍擊潰扎蘭丁軍於印度河上，扎蘭丁遁入印度。兩年後，哲別、速不台於抄掠波斯各地後，越過太和嶺（高加索山），攻入欽察（Qipchaq）草原，於阿里吉河（今烏克蘭日丹諾夫市北）戰役中擊潰斡羅思（Oros，即Rus，俄國）諸國王公與欽察族的聯軍，進掠斡羅思南境，又轉攻亦的勒河（伏爾加河）上的不里阿耳（Bulghar）國，然後揮軍東返。

1227年，成吉思汗病逝後，他的子孫又發動了三波征服戰爭，賡續了他征服世界的宏願。

他的繼承人窩闊台汗一方面於1231年發動對金朝的總攻

TOP PHOTO

（上圖）金代銅坐龍。成吉思汗死亡後，其後代持續發動對於金朝的征討，終於在1234年聯合宋朝滅金。

33

擊，三年後聯合宋軍，達到消滅金朝的目的，蒙古遂擁有全部中原，與南宋對峙。另一方面又派遣兩支西征大軍。一支由綽爾馬罕率領於1230年出發，追剿花剌子模殘餘勢力，因而征服西亞部分地區。另一支由成吉思汗之孫、朮赤之子拔都率領，以宿將速不台為主將，於1236年征服南俄草原上的欽察族，以後三年間更揮軍北上，蹂躪斡羅思大部分國土。1241年更進攻東歐的馬札兒（匈牙利）、孛烈兒（波蘭），大敗孛烈兒、日爾曼及條頓武士團於列格尼茨（波蘭）西部。此次戰爭顯示歐洲重裝武士全非蒙古輕騎兵的對手。若非窩闊台汗於此時逝世，拔都不得不率軍東返，蒙古軍征服全歐，不無可能。

第二波征服戰爭是由蒙哥汗（1251至1259在位）所發動。蒙哥為成吉思汗之孫、拖雷之子，也是一位中興之主。他一方面派遣其弟旭烈兀遠征西亞，建立對該地區的完全控制。另一方面，他在1257年親率大軍進攻四川，準備溯江而下，消滅南宋。可是，南宋在四川設置的山城防禦體系牢不可破。蒙哥汗本人於1259年死於合州釣魚山下，未能達成其心願。

最後一波征服戰爭是由元世祖忽必烈所發動。忽必烈於1260年立國中原後，他的身分不僅是蒙古大汗，也是中原帝王，攻滅南宋，一統華夏，乃政治上所必需。蒙元軍於襄、樊突破宋軍防線，然後沿江東下，於1276年攻下宋都臨安（今杭州）。三年後又殲滅宋朝殘餘勢力於厓山（今廣東新會岸外），全中國遂為蒙古人所有，蒙古遂成為第一個統治全中國的遊牧民族。消滅南宋後，忽必烈又對鄰近及海外諸國發動一連串遠征，如兩征日本（1274及1281年）、南征安南與占城（1284-1285，1287-1288及1293年）、屢討緬國（1283-1287）以及遠征爪哇（1293年）。但是，其中除征緬之役略有所獲外，其他各戰都是舟覆馬仰，鎩羽而歸。忽必烈對外頻頻喪師反映蒙古帝國的擴張已達極限。一方面蒙古人征戰已七八十年，久戰疲憊，不復當年銳氣。另一方面，

（右圖）帖木兒圍攻赫拉特。帖木兒是成吉思汗的七世孫，在他建立帖木兒汗國後，四處征伐，並一路打到了中亞的哈烈（現今赫拉特）。

氣候與地形兩皆不利，征討對象，或為叢林地區，燠熱難當，或為海外島嶼，波濤阻隔，蒙古人或難以適應氣候，或難以施展騎兵長技，自然無法取勝。

成功原因及影響

成吉思汗為何能力克群雄，統一蒙古？他及他的繼承者又為何能征服已知世界的大部分而創造歷史上最大的陸上帝國？對於這兩個問題，不少學者皆指出：無論在當時的蒙古或歐亞大陸，成吉思汗皆未遭遇堅強對手。在蒙古草原之上，與成吉思汗爭霸的群雄如札木合、王汗與塔陽汗皆缺乏他的領袖魅力與組織才能，他遂能脫穎而出，統一蒙古。而在文明世界中，無論是東亞及伊斯蘭教、基督教世界皆是四分五裂，而且各國皆已衰敗不堪，難擋蒙古新銳之勢，以致蒙古人能利用其間之矛盾，逐個擊破。

客觀情勢固然有利，成吉思汗成功之最重要的原因，還是他本人的性格與能力。日本學者小林高四郎借用符拉基米爾佐夫「天才的野蠻人」（savage of genius）一詞來刻畫成吉思汗的性格。成吉思汗「從始至終都是一個草原人」，愛酒，愛色，愛馬，尤其嗜愛狩獵[11]，「蒙古人憎恨盜竊，討厭欺詐，忠於主君，是遊牧民族共同的性格。尊敬上天，款待客人，生活光明磊落，都是成吉思汗所具備的」[12]。但他亦具有謹慎、自制的一面。作為主君，他有度量，重信義。「沒有度量，不守信義，只靠力量，不能創立那樣偉大的軍事國家」[13]。總之，小林氏認為成吉思汗是一理想遊牧戰士及草原領袖的化身。

此外，成吉思汗無疑是卓越的組織家、「深沉有大略，用兵如神」的戰略家。其才能絕不限於毛澤東所說的「只識彎弓射大雕」而已。他將鬆散的蒙古人——乃至所有的遊牧民族——組織成號令統一、勇猛善戰的鐵軍。作為一個統帥，他不僅是勇將，而且是智將。他能從大處著眼，擬定戰術與戰略，並且善於利用間諜與外交，分化敵人。在戰場之外，

（右圖）帖木兒、巴布爾與胡馬雍圖。帖木兒死後，帝國四分五裂，其子巴布爾趁阿富汗內亂之際，攻入阿富汗、打敗印度大軍，建立了蒙兀兒帝國。巴布爾死後，胡馬雍繼承帝位。

蒙古軍隊利用浮橋橫渡長江，
攻打宋軍。1279年，蒙古滅
宋。
TOP PHOTO

有如格魯塞所指出，雖然成吉思汗終身為一文盲，他卻能接受來自文明世界的顧問，如塔塔統阿、耶律楚材及牙剌瓦赤父子等的建言，突破蒙古原有的文化侷限，不僅使蒙古人由城市之破壞者轉化為保護者，而且為其征服的定居地區建立常規行政制度[14]，並且對不同宗教與文化皆加包容，才能將其兼含遊牧民族與定居民族的廣大帝國置於穩定基礎之上。

成吉思汗亦善於利用宗教力量。七世紀時，阿拉伯人的大征服主要是由伊斯蘭宗教狂熱所推動，蒙古征服的背後亦有一股類似的力量。蒙古人篤信長生天為宇宙最高之主宰。成吉思汗技巧地利用薩滿教，不僅使蒙古人相信他是受長生天的厚愛而統治草原，而且使他們感染宗教性的狂熱，深信蒙古民族乃是承受長生天之命，「倚仗長生天的氣力」而征服世界。沃爾納斯基形容蒙古征服是一種「心靈的爆發」（psychic explosion）[15]，而成吉思汗便是這種心靈爆發的啟迪者。

蒙古人不僅善於利用遊牧民族固有的騎兵優勢，而且能不斷吸收新戰法，化敵長為己長。在戰場之上，蒙古人善於利用騎兵的機動力、衝擊力，造成變幻莫測的效果。英國軍事學家李德—哈特（B.H. Liddel-Hart）曾說：「使用單一兵種──騎兵──是蒙古人不斷勝利的秘密」，「機動力為其戰略及戰術上的王牌」[16]，這一說法正確指出騎兵的重要性，但將蒙古人的戰無不勝完全歸功於騎兵則失之於片面。騎兵利於野戰，但遇高壘深池，長江大河便是一籌莫展。全賴騎兵難以征服定居國家。金哀宗曾檢討蒙勝金敗的原因說：「北兵所以常取全勝者，恃北方之馬力，就中國之技巧耳！我實難與之敵」[17]，這位亡國之君一語道破蒙古人常勝的奧秘，但事實上，蒙古人學習技巧的對象不限於「中國」。在攻夏、伐金、西征過程中，又形成一支以騎兵為核心，兼擁步、工、砲等軍種的複合大軍。以後伐宋期間，更建立強大水軍。因此，不斷適應新情勢，增加新兵種，吸收新戰法，配合騎兵作戰，才是蒙古人東征西討，所向披靡的主要原因。

（右圖）1242年，蒙古騎兵攻打基輔。當時俄國人詆詈蒙古征服為「上帝的鞭笞」。

TOP PHOTO

41

成吉思汗作為蒙古帝國開創者固然重要，但也不能忽視他的繼承者的角色。窩闊台、蒙哥、忽必烈等大汗皆能步武其後，繼續擴大帝國的領土，並隨著情勢變化而改善其組織。如果沒有這些優秀的繼承者，成吉思汗的帝國可能亦與其前的遊牧帝國一樣，及其開創者之身而止，無法繼續擴大。

　　成吉思汗及其子孫締造廣大帝國，統治中國、中亞及波斯約達百年之久，而俄國更處於所謂「韃靼」枷鎖之下近二百年，影響自然廣大而深遠。關於這些影響及評價，自古迄今，爭議頗多。可分統一蒙古、征服世界兩方面言之。

　　對蒙古而言，成吉思汗是結束各部長期爭戰，統一草原，凝聚蒙古族群認同，並將蒙古人推上世界歷史舞台的民族英雄。他統一各部、締造蒙古民族之功確是無可否認。但即就蒙古人而言，其對外征服也是利弊兼具。征服戰爭固然帶來巨大財富，提高工藝水平，促進了對外貿易的繁榮，但對平民而言，戰爭造成的負擔遠大於所獲得的利益。征服所掠取的財富大都歸貴族所享有，而平民卻須負擔長年征戰所需求的人力與物力，無數平民百姓或則捐軀疆場，或則世代遠戍他鄉，造成本土人口的嚴重流失。但是，儘管戰爭帶來頗多負面影響，蒙古人長銘於心的，卻是征服世界的民族榮耀與自豪。近代以來，內蒙古的人民固然如此，即在外蒙，在蘇共主宰時代，雖然蒙古民族主義遭受共黨強力壓制，人民對成吉思汗的崇拜仍是一股無法阻絕的暗流。自**1990**年擺脫蘇俄控制，實施民主改革後，這股涓涓暗流已發展為浪濤澎湃的巨濤，「聖主」成吉思汗再度成為萬民膜拜的民族英雄。

　　蒙古人對外征服所造成的影響可分正負兩方面來說：自負面言之，古代及現代史家往往強調蒙古人殺戮之多、破壞之廣，可說歷史上所罕見，造成許多地區（包括華北、中亞、西亞及俄國）人口大減、經濟逆退、文化衰落，西歐是唯一幸免的地區，以致後來能夠超越亞洲而發展出近代文明。對於蒙古入侵所造成的破壞，當時俄國人詆詈蒙古征服為「上

TOP PHOTO

（上圖）成吉思汗第一次西征期間製造的金幣。
（右圖上）蒙古帝國大汗璽。

韃靼（Tatar）中國古代北方遊牧民族名稱，自唐至元先後有達怛、達靼、塔坦、韃靼、達打、達達等譯名，指稱範圍因時代不同而有異。此民族原是居住在呼倫貝爾地區的蒙古語族部落之一，最早見載於突厥文《闕特勤碑》，稱「三十姓韃靼」，用以概稱突厥東西與契丹以北諸部，因韃靼部最為強盛而有此名。隨著韃靼人取代突厥語族部落成為蒙古高原的主要居民，韃靼一詞也逐漸被用來泛稱蒙古高原各部。成吉思汗統一諸部，建立大蒙古國後，諸部遊牧民族被編入千戶，統稱蒙古人，蒙古民族逐步形成，但漢文仍慣譯以「達達」。韃靼一名成為漢人對蒙古族的俗稱。明代將退據蒙古高原的北元政權及其治下的蒙古族稱為韃靼，多擾邊境，清朝初年始完全降服。韃靼一名作為對中國北方遊牧民族的泛稱，也為西方人長期襲用，自西征的蒙古軍以至於建立清代的滿族，均被稱為韃靼。

（右圖）成吉思汗繼位圖，出自拉施特《史集》插畫。

帝的鞭笞」，西歐人稱蒙古人為「來自地獄的魔鬼」。而俄國詩人普希金（A. S. Pushkin）也有句名言：「韃靼人與摩爾人不同，雖然征服我們，卻未帶來代數學，也未帶來亞里士多德」，遂使俄國錯失文藝復興的良機。至於中國，也有不少學者認為，宋代出現的近世化現象因蒙元統治而中斷，造成中國歷史發展的停滯乃至逆退。

不過近代以來，各國史家對蒙古人的殘暴也頗多原宥之辭。符拉基米爾佐夫認為成吉思汗向來為人所詬病的嗜殺問題，應從其時代背景去判斷，「即使在重大戰役中，成吉思汗的殘酷與嗜血並未超越當時其他民族的將領」。[18] 法國東方學者格魯塞（René Grousset）的《世界征服者》中也認為：成吉思汗征服戰爭所造成的破壞，不是由於他本人的嗜殺，而是由於當時蒙古文化及其正義觀的侷限。[19]

從正面的影響言之，甚多學者皆認為，蒙古人使歐亞大陸的大部分籠罩於一政權之下，締造所謂「蒙古和平」（Pax Mongolica），對促進東西文化、經濟交流大有貢獻。例如格魯塞稱讚蒙古征服「將環繞禁苑的牆垣吹倒，並將樹木連根拔起，卻使鮮花的種子從一花園傳播到另一花園」，其文化傳播之功可與羅馬人先後輝映。[20] 美國學者阿布・盧高（Janet K. Abu Lugho）認為，由於蒙古帝國為商旅提供暢通安全的環境，一個涵蓋中國、伊斯蘭教世界及歐洲的「世界體系」已然成形，早於歐洲人所建立的體系兩百年。美國人類學家魏澤福（Jack Weatherford）近年出版的《成吉思汗：近代世界的創造者》[21]更主張，蒙古征服促進了國際貿易的發達，加速了區域間人口、觀念及科技的轉移，乃至全球文化與世界體系的發軔。歐洲則是蒙古征服的最大受益者。中國的幾大發明與波斯繪畫風格的西傳，導致西歐「文藝復興」的誕生。作者更強調蒙古人所主張的貿易自由、交通開放、知識共用、世俗政治、多教共存、國際法、外交豁免的精神，構成了近代世界體系的基礎。

平心而論，蒙古征服對東西經濟、文化交流確實有促進之功，也間接啟發了以後歐洲人的地理大發現乃至文藝復興的開端。但是，有如大陸元史學者周良霄所說，促進東西經濟、文化交流僅為蒙古西征的偶然結果，而不能當作評價西征的主要依據㉒。而且，所謂「蒙古和平」為時甚為短暫，商道的暢通在忽必烈時代即因各汗國間的內戰而中斷，所謂「世界體系」如曾存在，亦僅曇花一現而已。蒙古人亦未主張世俗政治、國際法、外交豁免的精神。近代世界形成的原因甚多，「蒙古和平」僅是一項間接因素。如稱成吉思汗為近代世界的創造者，不免引喻失當，過分誇大他和他的繼承者之正面影響。

《蒙古秘史》成書年代、著者及書名

《蒙古秘史》是一部充滿迷思的書。即使撰成年代、著者乃至書名都是難解的謎團。對於這些問題，中外學者一直聚訟紛紜，莫衷一是。

《秘史》原書是以畏兀兒字蒙古文寫成，明初以漢文譯寫而傳世。原書成書年代的各種說法都是來自《秘史》第282節，亦即全書跋文的記載：

> 會聚在一起舉行了極為隆重盛大的最高國事會議後，鼠兒年七月，帳殿群駐紮在客魯漣河的闊迭額·阿剌勒的朵羅安·孛勒答黑與失勒斤扯克兩山之間時，寫畢〔此書〕。

爭議的由來主要因為學者對跋文中所說「鼠兒年」的不同認知。按鼠兒年即十二地支之子年。對於這一子年，學者有1228戊子、1252壬子、1264甲子、1276丙子、甚至1324甲子等年的不同說法。以上各說皆各有理由，但其中只有1228戊子說符合引文中所說的事件及其舉行的地點，即在闊迭額·阿剌勒（一作曲雕阿蘭）舉行大聚會（也可·忽鄰勒台，即討論國是的宗

47

蒙古帝國不同時期的版圖擴張

由小至大分別為1206年、1219年、1223年、1227年、1237年、1259年、1279年。

■ 1206年，帖木真汗統一蒙古部落，始有「成吉思汗」的封號。

■ 1219年，蒙古軍隊消滅西遼，並開始進攻花剌子模。

■ 1223年，成吉思汗派速不台西進現今的烏克蘭，戰勝基輔大公。

■ 1227年，成吉思汗歿。這時的蒙古帝國版圖已包括蒙古高原、中國西北、東北，以及中亞、西亞部分區域。

■ 1237年，蒙古軍進攻莫斯科等俄國城市，於1240年占領基輔。

■ 1259年，旭烈兀征伐敘利亞。

　1279年，蒙古軍隊滅宋，在此之前並已征伐高麗、日本。

蒙古建立橫跨歐亞的大帝國，
其意義不只在於帝國的版圖
擴大，更在於打通了歐亞之間
的交通，而馬可孛羅便是其中
的受益者。圖為十三世紀馬可
孛羅晉見忽必烈繪畫，繪者不
詳。

打通歐亞交通的蒙古人，不但刺激了東西的商業交流，也迫使中國的印刷術西傳。不過，十四世紀肆虐歐洲的鼠疫，也有人認為是隨著蒙古騎兵的行囊而傳至歐洲的。圖為十五世紀流傳的黑死病繪畫，繪者不詳。

親大會）云。因此，內蒙古學者亦鄰真、甄金、澳洲學者羅依果（Igor de Rachewiltz）等人都主張 [23]：修成《秘史》的鼠兒年即1128，因為此年即成吉思汗逝世之次年，蒙古皇族在闊迭額·阿剌勒舉行了大聚會，歷時一年之久，而於次年選出成吉思汗第三子窩闊台為其繼承人。但當時修成的《秘史》僅涵蓋第268節以前各節，即成吉思汗的先世及其一生的部分。至於第269至281節有關窩闊台的部分，則續成於元憲宗蒙哥汗時代至世祖忽必烈初年，亦即大汗之位已由窩闊台系轉移至幼子拖雷系之後，因而不僅在窩闊台的部分，即使在成吉思汗的部分，都增添了一些不利於窩闊台系而有助於拖雷系建立統治合法性的資料。在明初重新編寫《秘史》時，將原應在268節之後的跋文移置於全書之末。

　　至於《秘史》的原著者為誰，學者間亦多歧見。創製蒙古文的塔塔統阿、成吉思汗義弟、大斷事官失吉·忽都忽、必闍赤長怯烈哥及薛徹兀兒，乃至窩闊台時代擔任「中書令」的漢化契丹人耶律楚材等，都曾被指認為原著者。這種指認都是依據諸人之職位及功能而作出的推論。有如亦鄰真所說：「企圖找出《秘史》的作者是徒勞無功的，因為沒有任何史料線索……《秘史》是由一批耆老們回憶和口述，必闍赤們記錄、整理和加工的產物。當時蒙古人，文化還沒有發展到由一個人獨自撰史的水平」[24]。換言之，《秘史》不是成於一人之手，而是宮廷中必闍赤根據耆老追憶所做記錄而寫成的集體創作。

　　忽必烈立國中原後，仿照漢制設置翰林國史院纂修國史。《秘史》原書成為太祖成吉思汗及太宗窩闊台汗兩朝《實錄》的主要史源，但翰林院臣刪去其中不可信的部分，並以中原史料加以補充。傳世的《聖武親征錄》便是根據這兩朝實錄的初稿而撰寫。《實錄》的初稿又譯為蒙古文，以金字書寫，稱為《金冊》（Altan Debter），頒給各宗王收藏，波斯拉施特（Rashid al-Din）的名著《史集》（Jami al Tawarikh）中的《成吉思汗紀》，便是主要依據《金冊》。而明初所

（上圖）蒙古汗國的金印章。
現藏內蒙古蒙元文化博物館。

修《元史‧太祖紀》則是根據《太祖實錄》。因而，《親征錄》、《史集》及《元史》中相關部分與《秘史》皆有關聯。

《秘史》原來應無正式書名，僅簡稱之為「脫察安（脫卜赤顏）」，即歷史之意。因為此書為僅供皇室成員閱讀的家史，故無命名之必要。明初漢譯時所採用的漢文名稱為《元朝秘史》。這一名稱為以後明、清學者所沿用。但在漢文書名之下原注「忙豁侖‧紐察‧脫察安」，即蒙文Mongqol-un niucha tobcha'an之音譯，意即「蒙古秘史」。但無論《元朝秘史》或《蒙古秘史》，皆是明初人所加。綜覽全書所敘主要僅為成吉思及窩闊台二汗的歷史，其時蒙古的國號為大蒙古國，更未採用元朝的國號，故宜稱之為《蒙古秘史》，而非《元朝秘史》。又有不少學者以此書第一節第一句之 "Chinggis qa'an-u huja'ur"（成吉思汗之家世）作為本書之原名。但此名僅能涵蓋敘述成吉思汗祖先的部分（第1至68節），應非全書的名稱。

明初漢譯之目的與經過

明初以漢文譯寫此書旨在提供一部蒙語教本。當時明廷與退居漠北的蒙古人連年征戰，交涉頻繁，迫切需求通曉蒙語的交涉人員，因而需要編寫各級蒙語教科書。據《明實錄‧太祖實錄》記載：

洪武十五年（1382）春正月丙戌，命翰林院侍講火源潔等編類《華夷譯語》，上以前元素無文字，發號施令，但借高昌（畏兀兒）之書，製為蒙古字，以通天下之言。至是，乃命火源潔與編修馬沙亦黑等，以華言譯其語。凡天文、地理、人事、物類、服食、器用，靡不具載。復

TOP PHOTO

TOP PHOTO

（上圖）蒙元時代刻有蒙文的聖旨牌。
（下圖）蒙元時代的金令牌。

取《元秘史》參考，紐切其音，以諧其聲音。既成，詔刊行之。自是，使臣往返朔漠，皆能通達其情[23]。

由此記載看來，《秘史》的譯寫是與《華夷譯語》同步進行的，都是作為交涉人員的蒙語教材。《譯語》為一初學課本，而《秘史》則為包含歷史、文學和語言的高級讀物。《譯語》係刊行於洪武二十二年（1389）或其後不久，《秘史》的情形應該相同[24]。

明初完成的譯寫本《秘史》的正文，是將原畏兀兒字蒙古文逐字用漢字音寫（通稱音譯），在正文旁邊則注有其漢語意義（即旁譯），每一段落（即節）之後有低行小字簡略漢譯（即總譯），故每一段落都是由音譯、旁譯和總譯三個部分所組成。全書共分十二卷（正集十卷、續集二卷），282節。卷和節皆是明初編譯者任意為之，各卷、節長短不一，在內容上亦無理路可尋。明成祖時所編《永樂大典》收入此書，卻分為十五卷，亦有282節。故今傳世之《秘史》雖有十二卷及十五卷本之分，但內容並無不同。通行之四部叢刊本即是根據明刊十二卷本。

畏兀兒字蒙文原本雖已失傳，但成書於十七、十八世紀的羅卜桑·丹津（Lubsangdanjin）的《黃金史》（Altan Tobchi）收錄了《秘史》原文相當大的部分。雖然《黃金史》移錄《秘史》各節往往並非全文，且有錯誤，但後世學者根據漢字譯寫本重構《秘史》時，必須參考《黃金史》中的引文。

內容與主旨

為使讀者瞭解《秘史》的主要內容及主旨，現以十二卷本為根據，簡介全書如次：

除前引第282節的跋文外，依內容，全書可分為三部分：

（一）前史：所敘為成吉思汗的先世，從圖騰始祖孛兒帖赤那（蒼狼）亦即成吉思汗二十二世祖起至其父也速該止，

大約經歷五百多年。內容包括世系及重點人物的事蹟。旨在證明成吉思汗家世不凡，綿延不絕。此一部分係將神話傳說、口述故事及歷史記事整理、揉合而成。

（二）主體：係本書之主體，敘述成吉思汗一生的歷史。此一部分又可分為以下各部：

1. 少年時代：敘述成吉思汗出生至結婚間的事蹟，著重其早年所歷艱辛。

2. 締結盟友：敘述成吉思汗為改善自身處境，與王汗及札木合結盟及與札木合之分手。

3. 漸成大器：敘述成吉思汗收容各部頭目、被推選為蒙古本部之汗及初步建立政治、軍事組織、擊敗札木合與消滅泰亦赤烏（惕）部。

4. 擊敗王汗：敘述成吉思汗從與王汗友好至消滅後者。

5. 征服乃蠻：敘述成吉思汗攻滅西蒙古強大之乃蠻部及擒獲宿敵札木合，統一全蒙古的經過。

6. 建立國家、奠定制度：敘述成吉思汗建立國家、分封功臣，與擴大怯薛組織，奠定國家規模。

7. 征討西方畏兀兒及北方林木中百姓。

8. 征伐金國、西夏與中亞回回（花剌子模）。

9. 攻滅西夏與成吉思汗病死。

（上圖）蒙古祭盤。現藏於成吉思汗陵。

（三）續文：卷續二第269節至281節，僅十三節，敘述窩闊台汗即位後之事業，包括消滅金朝、遣軍西征、建立驛站、改定賦稅及其檢討自己的四功、四過，但未提及其死亡。有關窩闊台汗時代之敘事較其父遠為簡單而零碎。

由上述可知，《秘史》是一部蒙古國的創立史，也是其統治家族──黃金氏族的崛興史。有如外蒙古史學家比拉（Sh. Bira）指出：貫串全書的中心思想是成吉思汗結束各部落長期間不休爭戰，創造統一國家，而為全民帶來福祉[27]。因此本書的主體是描述在當時部族相互對立的蒙古社會中，成吉思汗及其輔佐如何以高度的政治技巧，克服無數困難，贏得無上霸權、統一全蒙古。這一目標之達成，一方面是由於他本人的天生君主魅力，一方面由於其伴當與臣民對他的忠心奉仕，更重要的是長生天的護佑。有如成吉思汗在統一蒙古後在其聖旨中所說：「如今依靠長生天的氣力，天地的佑護，平定了全國百姓，都歸朕獨自統治」（第224節）。以後，他的征服世界，不過為其統一蒙古的擴大，仍是倚恃「長生天的氣力」，而窩闊台所作所為不過其父事業的延續。天命所在，結束爭戰，統一蒙古，確立了黃金氏族統治的正當性，而以此教導家族子孫便是撰著此書的目的所在。

（右圖）黑水城，蒙古語稱「哈拉浩特」，是蒙古帝國時重要的城市之一。

史學、文學、語言價值

《秘史》是北方遊牧民族的第一部以

自己文字與觀點撰寫的歷史著作，在史學、文學、語言等方面皆具有重大價值。

從史學方面言之，過去遊牧民族多缺少文字，其歷史多仰賴中原漢族記載而流傳後世。突厥及回鶻雖創造了自己的文字，卻只留下若干篇碑銘，而無歷史著作傳世。契丹人肇建

的遼朝、女真人締造的金朝雖有自己的文字，也留下不少歷史著作，但皆是以漢文寫成，而且遵循漢族的史學傳統。蒙古人在成吉思汗建國前不久始有文字，卻留下這樣一部皇皇巨著。此事本身便有甚大意義。

姚從吾教授認為：《秘史》是成吉思汗的一種實錄，也是一部很難得的元朝開國初期的直接史料。而且大部分是「當事人自述甘苦」，所以生動親切。《秘史》中敘述成吉思汗一生事跡，親切細密，富於草原風味，不但是描寫遊牧英雄生活的珍品，也是漢地帝王的傳記中所沒有的[28]。雖然在漢文的《元史·太祖紀》、《聖武親征錄》及波斯史家志費尼（Ata Malik Juvaini）的《世界征服者史》及拉施丁的《史集》，對成吉思汗與窩闊台汗兩朝的歷史亦頗多記載，但皆不及《秘史》相關記載的生動與真切，有如羅意果所指出：《秘史》為漢文與波斯文的相關記載「增添了肌肉與靈魂」，因為《秘史》是出於圈內人所撰寫，而不像中原與波斯史家那樣的隔膜[29]。

《秘史》不僅是蒙古早期政治史的重要史料，也是古代遊牧社會研究的泉源。此書記載充分反映遊牧經濟的生產活動與方式、社會組織發展、社會習俗、風俗人情等。符拉基米爾佐夫的經典之作《蒙古社會制度史》，主要便是根據《秘史》而寫成。

但是，作為一部歷史，《秘史》亦有其侷限。第一，從史源來說，《秘史》

（上圖）成吉思汗紀念山。

的撰寫雖有部分係根據文字記錄，但大部分皆是根據難以查考的神話傳說、口傳故事而撰寫。第二，撰寫此書的宮廷必闍赤缺少時間觀念與史學訓練，對於繁雜的史實難以駕馭，以致書中年代與史實的錯誤甚多。雖然此書的架構為一編年史，但僅自1201年以後的記載始以十二生肖記年，以前年代

則無可稽考。即使1201年以後的記年也不盡可靠。第三，作為孛爾只斤氏的家族勃興史，書中顯然過分突出了成吉思汗及其伴當的優點、誇大了其競爭者（如王汗、札木合）的缺失，態度有失客觀。第四，續文部分，是在窩闊台、拖雷兩支執政者干預下反覆修訂的產物，難免有扭曲之處。基於這些侷限，有的學者甚至認為《秘史》不具史學價值。這種貶抑不免過於極端，但在運用《秘史》時，確須參考漢文與波斯文相關史料以求平衡。

在蒙古史學史上，《秘史》不僅前無古人，也是後無來者。《秘史》所反映的，主要是北亞遊牧民族固有的薩滿教世界觀。十七、八世紀的重要史著《黃金史》、薩囊徹辰《蒙古源流》（Erdeni-yin tobchi）等，已深受藏傳佛教的影響，採取了佛教史觀。只有《秘史》所反映的是蒙古人固有的世界觀與歷史觀。

比拉為《秘史》在蒙古史學史上定位說：「這部史籍證明，蒙古史學史從它誕生之日起，就由於它產生於典型的遊牧環境，不受任何外國史學史和學派的影響，而具有獨特的民族性。[30]」

《秘史》也是遊牧民族文學史上珍貴的瑰寶。全書係以韻文及散文連綴而成，共有165篇韻文。每卷少則有七篇，多則有二十四篇韻文。全書三分之一為首音押韻的詩篇。這些韻文很多都是史詩，也有格言、令贊歌、訓誡、誓言等，原來多是說書人演唱的材料。英國詩人兼《秘史》譯者韋利（Arthur Waley）認為，《秘史》中根據說書人材料而來的部分是世界上最生動的文學作品[31]。有的學者主張《秘史》全書是一部英雄史詩（heroic epic），另外有的學者甚至認為《秘史》是一部虛構的歷史小說。羅意果則主張《秘史》是一史詩編年史（epic chronical）[32]，不能因其文學價值而否定其史學價值。文、史不分原是人類各社會發展中早期的共同現象。十三世紀初年的蒙古人正處於這樣的階段。

《秘史》也是重構古代蒙古語文的主要根據。在《秘史》

（右圖）2006年七月十日，在蒙古國首都烏蘭巴托市慶祝「大蒙古國八百年」紀念的盛況。

之外，元代雖有些或長或短的蒙文文獻傳世，但這些文獻皆是譯自漢文或藏文。唯有《秘史》是以蒙古語思維、以蒙古文撰寫。語法與風格上不帶非蒙古色彩。書中存有大量古代蒙古語音、詞彙與語法資料，不見於他處。而明代以漢字譯寫《秘史》的翰林院官員採用了一套嚴整的符號體系，能夠正確的標示出原來蒙古文字的語音與語法。現代學者根據《秘史》的音譯不僅重構《秘史》的文本，而且重建古代蒙古語文。

秘史學的發展

由於《秘史》的重要性，一個多世紀來，各國學者競相研究，相關著作層出不窮，已蔚然成為一門國際性的學術領域，即「秘史學」。所謂秘史學，包括《秘史》的復原、翻譯、註釋、漢字音寫本的流傳與校刊，以及《秘史》中史事及人物的考證等方面。因限於篇幅，以下僅能擇要言之。

席慕蓉攝

在中國，明代及清代前期已有不少學者注意到《秘史》的重要性，將其總譯收入各種著作之中。但真正開始研究《秘史》已在清朝季年，李文田、施世杰、高寶銓、沈曾植、丁謙等人，皆有相關著作問世，或注釋全書，或考證地名，各有創獲，但因不諳蒙文，成就均有侷限。民國前期陳垣所著《元秘史譯音用字考》旨在探討明初譯寫《秘史》時所用漢字的規律，指出用以轉寫蒙古語的漢字，不僅用以標音，而且是盡量用意義相近之字，對學者復原《秘史》畏兀兒字本頗有幫助。

1949年以後，兩岸學人更開啟《秘史》的復原與譯注工作。台灣方面，姚從吾、札奇斯欽教授於1960至1962年間在台大《文史哲學報》連載的《漢字蒙音蒙古秘史新譯並注釋》，是中文中較早而較為完善的《秘史》譯注本。此文後經札奇教授修正後，於1979年正式出版成書。大陸方面，文革以前僅有謝再善的譯本（1951）。改革開放以後，有關《秘史》論著的出版絡繹不絕。道潤梯步《新譯簡注〈蒙古秘史〉》（1980）未獲學界好評。如巴雅爾《蒙古秘史》（全三冊，1980）一書並列漢字原文、古式蒙古文之重構及近代蒙古文之譯文。亦鄰真《蒙古秘史：畏兀體蒙古文復原》（1987）係以畏兀字蒙古文復原《秘史》。余大鈞譯注之《蒙古秘史》譯文正確流暢，注釋繁簡適度。而外蒙古則早在1940年代便有策‧達木丁蘇隆（C. Damdinsuren）以傳統蒙古文編譯的《蒙古秘史》問世，該書有謝再善的中譯本（1956）。

日本、西方對《秘史》的復原與譯注工作起步甚早，而在西方又以俄國為最早。早在1860至80年代東正教北京宣教團僧正卡法羅夫（P. I. Kafarov，1817-1878）及蒙古語文學者波茲德涅耶夫（A. M. Pozdneev，1851-1920）便相繼發表了《秘史》漢文總譯的俄文譯本。開啟了西方《秘史》研究的大門。另一俄國蒙古語文學者柯津（S. A. Kozin，1879-1956）

（右圖）查騰部落薩滿祭祀。

則在1941年出版了根據重構蒙文原文的俄譯本。在西歐各國中，德國蒙古學漢學大師海尼士（E. Haenisch）則在1935至1941年間出版了《秘史》的拉丁字音譯、德譯及詞彙。法國東方學大師伯希和（Paul Pelliot，1878-1945）亦長年從事《秘史》研究，可惜生前未能竣功，1949年出版的法文譯本僅含第一至六卷，令人惋嘆。

在英語世界中，以英國名漢學家韋利於1963年出版的《蒙古秘史及其他》為最早，流傳甚廣，但係根據漢文本總譯而英譯，學術意義不大。其實，柯立夫（F. W. Cleaves）教授的英譯《秘史》於1957年即由哈佛大學出版社製版待梓，但柯教授為人極有古意，由於書中若干意見與其畏友洪業（煨蓮）相左，此書於洪氏逝世後，始在1982年問世。柯教授此書不僅在文法及句法結構上盡量忠實於蒙文原文，而且為配合古代蒙文風格，譯文採用了舊版聖經的古體英文，頗為深奧，故不易為一般讀者所瞭解[13]。 而且原定之第二卷注釋部分亦未完成。雖然如此，羅意果認為，此書具有甚大重要性，亦可視為現在及將來所有譯本之基礎。與柯氏譯本相對，羅意果於2006年出版的《蒙古秘史‧十三世紀史詩編年史》（二巨冊），則旨在提供一正確而流暢之英文譯本。衡量

孟松林攝

此書內容，羅氏顯然已達成其目的。無論譯文及注釋皆已廣泛吸納前人成果，因而是目前最為完備的譯注本。

日本的《秘史》研究開始於明治末年，那珂通世（1851-1908）《成吉思汗實錄》出版於1907年。此書以日本文言文翻譯《秘史》全書，注釋豐富，開日本蒙古研究及秘史學的先河。精於蒙古語文的白鳥庫吉（1865-1942）所著《音譯蒙文元朝秘史》出版於1943年。此書係以拉丁字重構此書的蒙文文本。此後又有小林高四郎、村上正二以及小澤重男的《蒙古秘史全釋》與《續考》（共六冊，出版於1984至1989之間）日本注釋本問世。以上可見日本學者秘史研究的成果亦極豐碩。

此外，韓國、匈牙利、捷克、波蘭、義大利、土耳其、伊朗、印度等國皆有《秘史》的譯本及研究出現，可見《秘史》研究早已成為一門國際性的學問。

總之，《秘史》是一部蒙古汗廷人員編寫的大蒙古國崛興與擴張的歷史，由圈內人寫圈內事，具有甚高史料價值。同時，《秘史》也是揉合說唱文學與歷史記錄、洋溢草原風味的文學奇葩。在遊牧民族史學史及文學史上都是首見。因而一個多世紀以來，各國學者從歷史、文學及語言學的角度競相研究，並且從事復原、翻譯與注釋的工作。但由於《秘史》的特殊性質及流傳方式，本書未能解決的疑難問題仍然極多。展望未來，應有更多著作絡繹問世。

談起「經典」二字，想到的不外是東西定居文明的重要著作。《蒙古秘史》則是另類的經典。閱讀秘史，不僅可以加深對蒙古帝國歷史的瞭解，亦可一嘗草原文明的特殊風味。

（右圖）闊迭額‧阿剌勒，
《蒙古秘史》完成紀念地。

孟松林攝

蒙古今昔

席慕蓉 圖、文

大蒙古國

學者孟森先生在1934年為屠寄先生後人重印的《蒙兀兒史記》寫了一篇序文。文中有一段，他認為由於漢人學者在撰寫蒙元史記之時，對蒙古帝國的「空間」與蒙古民族的「時間」上的認識都不足，因而造成「自隘而遂隘及蒙古」的遺憾。

當然，這是七十多年前的文章，現況應該已經大不相同。可惜的是，在我這一代以及更年輕的朋友所受的教育裏，對蒙古的了解還是很模糊。

先說「空間」。這裏不談帝國，只說「蒙古本部」，札奇斯欽教授曾經對這個地理空間作了如下的解釋：

「……東起嫩江流域以東，西至新疆天山南北兩路，南起長城線，北至貝加爾湖的周邊，甚至遠在伏爾加河以西的一塊飛地，在蒙古人看來都是他們生聚的領土。」

從文化領域上來說，這處空間至今猶存。但是，在今日的政治疆域劃分之下，卻已分成六個政治實體。其中除了蒙古國是獨立的國家以外，內蒙古自治區是在中國的版圖裏，至於布里雅特、圖瓦、阿爾泰，以及位居伏爾加河西側那塊「飛地」上的卡爾梅克等四個共和國，就都在俄國的統治之下了。

再說「時間」。這裏也不提更早的歷史，只說與蒙元王朝有關的時間。中國歷史裏，元朝是從1260到1368年。蒙古人自己的歷史裏，三十五位可汗，是從1206年成吉思汗統一蒙古開始，到1634年林丹汗在青海駕崩為止，歷時428年（還不算之後與清廷奮戰多年的準噶爾汗國）。

因此，公元2006年，蒙古國舉國上下熱烈舉辦了歷時一年的各種慶祝活動，以紀念「大蒙古國800年」的歷史盛典。從全球各地湧入的蒙古子孫以及各國的觀光客，把首都烏蘭巴托擠得真是熱鬧極了。

（下圖）護送大蒙古國國徽察罕蘇力德的馬隊。

今日蒙古

別説是我們住在台灣的人對蒙古的認識太模糊，即使是住在中國大陸的漢人，和北方的內蒙古自治區同屬一個教育體系，卻依然了解有限。

所以，我的一位內蒙古朋友告訴我，有時他因公出差到南方，偶爾也會被新認識的漢人朋友問：「你們平常上班，是騎馬去的嗎？」

對其他文化族群的誤解，一直存在。不過，生活在現代，要消除這種誤解，其實不難。

這裏的照片，就是今天的蒙古國居民的日常生活背景。有人住在城市裏，有人住在曠野間，孩子們也都上學讀書。城市裏的學童可以天天回家，牧區的學童必須住在學校的宿舍裏，由於地區經濟、家庭能力以及個人意願而使得每人的教育程度不盡相同。當然，國家本身的制度和執行能力也是最重要的影響。

蒙古國，位於蒙古高原北部，面積有一百五十六萬六千五百平方公里，總人口數是兩百七十萬人。全國分二十一行省，首都是烏蘭巴托。

我們一般人的觀念，總以為越往北走越荒涼，到了蒙古國，可真是恰恰相反哩！在北部是無邊無際的茂密森林，中部是廣闊的草原，再往南下，才是戈壁與荒漠，而西部多山，東部則是占地二十五萬平方公里的大平原。所以，如果想要領略草原的深廣與無垠，蒙古國的東方省就是舉世無匹的、最令人驚嘆的大教室了。

大自然的內在本質，深深影響了蒙古民族的文化與價值觀。這是難以盡言的一種潛移默化，有如草原，你必須親身前來，才能感受到那「無垠廣漠」所賜給你的觸動、啟示以及那前所未有的自由。

（上圖）電影看板前古今女性服裝對照。

【注釋】

① 關於成吉思汗各種傳記的評介，參看蕭啟慶〈凱撒的還給凱撒—從傳記論中外成吉思汗的研究〉，收入蕭氏《元朝史新論》（台北：1999），頁385-410。

② 波斯拉施特原著，余大鈞、周建奇譯《史集》第1卷第2分冊（北京，1983），頁95。

③ 余大鈞譯注《蒙古秘史》（石家莊，2007）第98節。

④《蒙古秘史》第118節。

⑤《蒙古秘史》第123節。

⑥《史集》第1卷第2分冊，頁111-112。

⑦《史集》第1卷第2分冊，頁182-184。

⑧《蒙古秘史》第189節。

⑨ George Vernadsky, "The Scope and Contents of Chingis Khan's Yasa," Harvard Journal of Asiatic Studies vol.3（1938），pp.337-360.

⑩ Thomas Barfield, The Perilous Frontier: Nomadic Empires and China（Cambridge, Mass, 1989）.

⑪ 小林高四郎著，阿奇爾譯《成吉思汗》（呼和浩特，1983），頁211。

⑫ 同上，頁218。

⑬ 同上，頁219-220。

⑭ 同上，頁199、247、281。

⑮ George Vernadsky, The Mongols and Russia（New Haven, 1953），p.5.

⑯ B.H. Liddel-Hart, Great Captains Unvieled(Eidenburgh and London, 1927), p.32.

⑰ 脫脫等撰《金史》（北京，1976）卷119，頁2599。

⑱ Vladimirtsov, Chinggis-Khan，原本係出版於1922年。英譯本（The Life of Chingis-Kha）則係於1930年出版於倫敦。⑬

⑲ Grousset, Le Conquerant du Monde（Paris, 1944）.英譯本 Conqueror of the World（trans by M. Mckeller and D. Sinor）（New York, 1966）.

⑳ 格魯塞著，龔鉞譯《蒙古帝國史》（北京，1989），頁233。

㉑ 魏澤福著，黃中憲譯《成吉思汗：近代世界的創造者》（台北，2006）。

㉒ 周良霄〈關於成吉思汗〉，《歷史研究》1962年第4期，頁1-7。

㉓ 亦鄰真〈《蒙古秘史》及其復原〉，收入氏著《亦鄰真蒙古學論文集》（呼和浩特，2001），頁720-724；甄金《蒙古秘史學概論》（呼和浩特，1996），頁62-95：Igor de Rachewiltz, The Secret History of the Mongols. A Mongol Epic Chronical of the Thirteenth Century（2 vols, Leiden, 2006）vol. 1, pp.xxix-xxxiv.

㉔ 亦鄰真〈《蒙古秘史》及其復原〉，頁725。

㉕ 中央研究院歷史語言研究所輯校《明實錄·太祖實錄》（台北，1964）卷140，頁2223。

㉖ 甄金《蒙古秘史學概論》，頁112-129。

㉗ 沙·比拉著，陳弘法譯《蒙古史學史》（呼和浩特，1988），頁36-37。

㉘ 姚從吾〈漫談《元朝秘史》〉，收入札奇斯欽《蒙古秘史新譯並註釋》（台北，1979），為〈代序〉，見該書頁1-20。

㉙ Igor de Rachewiltz, The Secret History of the Mongols, p.lxiv.

㉚ 比拉《蒙古史學史》頁66。

㉛ Arthur Waley, The Secret History of the Mongols and Other Pieces（London,1963），pp.7-8.

㉜ Igor de Rachewiltz, The Secret History of the Mongols, p.xix.

㉝ 由於柯著之不易讀，美國詩人P. Kahn曾將此書柯譯以簡易英文改寫，出版一普及本，名為The Secret History of the Mongols. The Origins of Chinghis Khan（1984）。

攝影

成吉思汗與蒙古高原

孟松林

現任呼倫貝爾市生態環境保護協會會長，內蒙古攝影家協會副主席。
多年來發表大量攝影作品，表現森林草原風光和北方少數民族民俗風情，
著有《成吉思汗與蒙古高原》、《走進蒙古國》等書。

不兒罕合勒敦山

成吉思汗幼年時，曾與母親生活在這一帶。

豁兒豁納黑川
帖木真、札木合在在此結為「安答」。

克魯倫河
克魯倫河發源於蒙古肯特山，與斡難河、圖拉河位於同一發源地，
傳說中，成吉思汗便是出生於這三條河流的發源地。

薩滿教祭典
在藏傳佛教傳入蒙古前，薩滿教是蒙古帝國主要的信仰。

呼倫貝爾市，蒙古大帳。

那達慕大會上圍繞著蘇魯德的摔跤手。

色楞格河，蒙古的母親河，流經俄羅斯及蒙古。

豁兒豁河上游，它是斡難河的支流，成吉思汗出生以及被選為大汗都在斡難河邊。

蒙古草原上仍然過著遊牧生活的牧人。

巴勒渚納
成吉思汗被王汗擊敗後，帶著十幾個部眾逃到巴勒渚納，並與他們起誓，
今後若成就大業，當與他們同甘共苦。

不兒罕山的蒙古包。

成吉思汗結婚地
闊闊納浯兒湖畔，成吉思汗與孛兒帖在此結婚。

蒙古東部草原
蒙古東部的大平原，可以領略草原的深廣無垠。

達里岡嘎草原

達里岡嘎，清代稱為「達里岡愛」，位於內蒙古錫林郭勒盟與外蒙古車臣汗部、土謝圖汗部之間，是清代最大的皇家牧場。

原典選讀

蕭啟慶說明：

1. 本選錄是根據余大鈞譯注《蒙古秘史》，
   石家莊：河北人民出版社，2007。

2. 選錄以成吉思汗生平事跡為主，關於其先世各節皆略去，
   而有關其繼承人窩闊台汗者僅選錄三節。

3. 各節原無標題，標題係筆者所加。

4. 原書注釋甚多，篇幅甚大。凡說明字句翻譯理由者皆略去。
   少數說明重要稱號、人名、地名者或保留，或簡化插入正文中，
   以（）號表明。而余教授在正文中增添之字句則以〔〕表明。

編者說明：
《蒙古秘史》原典選讀由河北人民出版社提供使用，特此致謝。

卷一
第59節
帖木真（成吉思汗）
的誕生

那時，也速該‧把阿禿兒（把阿禿兒為一稱號，意即「英雄」）俘虜了塔塔兒部的帖木真①‧兀格、豁裏‧不花等人歸來，懷孕的訶額侖夫人在斡難河畔迭裏溫‧孛勒答黑地方正好生下了成吉思汗。

〔成吉思汗〕降生時，右手握著髀石般的一個血塊。因為恰好在俘虜來帖木真‧兀格時降生，所以被取名為帖木真。

第60節
帖木真的弟妹

也速該‧把阿禿兒的〔妻子〕訶額侖夫人生了帖木真、合撒兒、合赤溫、帖木格這四個兒子，又生了一個女兒，名為帖木侖。

帖木真九歲時，拙赤‧合撒兒七歲，合赤溫‧額勒赤五歲，帖木格‧斡惕赤斤三歲，帖木侖還睡在搖車上。

第67節
帖木真之父也速該
在為其訂親歸途中
遭塔塔兒人毒害

歸途中，也速該‧把阿禿兒〔騎著馬〕走到扯克徹兒山附近的失剌草原上，遇見塔塔兒部落人正在舉行宴會。由於口渴，他在宴會處下了馬。

那些塔塔兒人認識他，他們說：「也速該‧乞顏來了！」

塔塔兒人想起以前族人被擄的仇恨，陰謀毒害他，便〔在飲食裏〕下了毒藥給他吃了。

〔回去時，也速該〕在路上覺得身體不好，走了三天，回到自己家裏，身體很難受。

也速該・把阿禿兒說：

「我身體裏難受，有誰在我的近處？」

晃豁壇氏察剌合老人的兒子蒙力克說：

「有我。」

〔也速該〕把他叫來說：

「我的孩兒蒙力克，我的兒子們年幼。我留下〔我的〕兒子帖木真〔在德・薛禪家〕做女婿後回來，在途中被塔塔兒人暗害，我身體裏難受。遺留下的孤兒、寡嫂，請你好好照顧。快去把我的兒子帖木真帶回來。我的孩兒蒙力克啊！」

說罷，〔也速該〕去世了。

那年春天，俺巴孩・合罕的妻子斡兒伯與莎合台二人，到祭祀祖先之地，燒飯祭祀時，訶額侖夫人到得晚了。

因為沒有等候她〔沒有等她來了分給祭胙的份子〕，訶額侖夫人對斡兒伯、莎合台二人說：

「難道因為也速該・把阿禿兒死了，我的兒子們還沒有長大嗎？分領祭祖的胙肉，供酒時，為什麼不等我到分給我呢？你們眼看著我分不到吃的，你們出發時也不招呼我一聲！」

第72節

泰亦赤兀惕人棄其遺孀孤兒而去

〔斡兒伯、莎合台二人又〕說：

「按照她所說的話考慮起來，你們就把他們母子撇下在營盤裏遷走，你們不要帶他們走！」

從第二天起，泰亦赤兀惕氏的塔兒忽台・乞鄰勒禿黑、脫朵延・吉兒帖等泰亦赤兀惕人順斡難河而下遷走。當他們拋棄訶額侖母子遷走時，晃豁壇氏人察剌合前去勸說。脫朵延・吉兒帖說：

「深水已經乾涸了，

明亮的石頭已經破碎了！」

說罷，就遷走了，他還說：

「你憑什麼勸說！」

就從背後，在他背脊上刺了一槍。

第74節

訶額侖養育子女、生活艱難

泰亦赤兀惕氏兄弟們，把寡婦訶額侖夫人、幼子等母子們，拋棄在營盤裏，遷走了。

婦人訶額侖夫人生來能幹，

她撫育幼小的兒子們，

緊繫其固姑冠，

以腰帶緊束其衣，

沿著斡難河上下奔走

採拾杜梨、野果，

日夜〔辛勞〕，以餬口。

母親夫人生來有膽識，

撫育她的有福分的兒子們，

手拿檜木橛子，

掘取地榆根、狗舌草，供養兒子們。

母親夫人用山韭、野韭養育的兒子們，

將成為合罕。

母親夫人用山丹根養育的兒子們，

將成為有法度的賢明者。

美麗的夫人，

用山韭、野韭養育的挨餓的兒子們，

將成為卓越的豪傑。

將成為傑出的男子漢，

鬥志昂揚地與人相鬥。

他們互相說道：「咱們要奉養母親！」

他們坐在母親斡難河的岸上，整治釣鉤，釣取有疾殘的魚。他們把針彎曲成鉤子，釣取細鱗白魚和鯵條魚。他們結成攔河魚網，去撈取小魚、大魚。他們就這樣奉養自己的母親。

過了一些時候，泰亦赤兀惕氏塔兒忽台・乞鄰勒禿黑率領著侍衛◎們，說：

「小鳥的羽毛逐漸豐滿，羊羔兒長大了！」

他率領侍衛們前來襲擊。母子們、兄弟們都很害怕，就在密林裏築寨。別勒古台折斷樹木築起柵寨，合撒兒射箭抵抗，把合赤溫、帖木格、帖木侖

第75節
帖木真兄弟奉養母親

第79節
泰亦赤兀惕人掩襲帖木真母子

三人藏在山崖縫裏。

在互相戰鬥時，泰亦赤兀惕人喊叫道：

「叫你們的哥哥帖木真出來，別的人都不要。」

聽到喊叫聲後，大家讓帖木真騎上馬逃避到樹林裏去。泰亦赤兀惕人見了，就去追趕。

〔帖木真〕鑽進帖兒古揑‧溫都兒山的密林裏，泰亦赤兀惕人進不去，就包圍了密林四周看守著。

第80節
泰亦赤兀惕人捉住帖木真

帖木真在密林裏住了三夜，想要出去，牽著馬正走著，他的馬鞍子〔從馬背上〕脫落下來。他回頭一看，見板胸仍舊扣著，肚帶仍舊束著，而馬鞍卻脫落了。他〔自言自語地〕說：

「肚帶束著，馬鞍脫落倒還有可能，這板胸扣著，鞍子怎麼會脫落下來呢？莫不是上天阻止我〔走出去〕？」

於是，他走回〔密林裏〕又住了三夜。

再次走出來時，〔卻見〕密林出口處有帳廬般大的一塊白石倒下來塞住了出口。

他說：「莫不是上天阻止我〔走出去〕？」

他就又走回〔密林裏〕住了三夜。就這樣共住了九夜，吃的東西沒有了。他說：

「與其這樣無聲無息地死去，不如走出去吧。」

可是密林出口阻塞著那塊倒下來的大如帳廬的白石，不能從白石周圍走出去。〔帖木真〕就用他的削

箭的刀，砍斷一些樹木，牽著馬一步一滑地走出來。
〔剛走出密林出口，帖木真〕就被泰亦赤兀惕圍守者
捉住帶走了。

塔兒忽台·乞鄰勒禿黑把帖木真捉去，傳令於自
己部落的百姓，將帖木真徇行輪宿於各家，每家住
宿一夜。

孟夏（四月）十六日「紅圓月日」，泰亦赤兀惕
人在斡難河岸上舉行宴會，直到日落時才散。在
宴會時，讓一個怯弱的少年看管帖木真。參加宴會
的人們散去之後，帖木真用木枷擊打那怯弱少年的
頭頸，〔將他打昏後，〕跑進斡難河邊的樹林裏躺
下，怕被人看見，就躲進水流道中仰臥著，戴枷順
水流動，只把臉部露出。

第81節
帖木真逃脫

帖木真就那樣走了，他〔先〕到達從前築柵寨的
地方，然後依照草地上被人畜踐踏的蹤跡，溯斡難
河踏蹤尋找，到達從西流來的乞沐兒合小河附近。
又溯乞沐兒合小河踏蹤尋找，終於在乞沐兒合小河
的別迭兒山嘴的豁兒出恢孤山，遇見了〔母親和弟
弟們〕。

第88節
帖木真回家

第89節

仍過艱困生活

〔全家人〕在那裏相會後，就遷往不兒罕‧合勒敦山前的古連勒古山中，在桑沽兒小河邊的合剌‧只魯格山的闊闊海子邊紮營住下，捕捉土撥鼠和野鼠為食。

第96節

未婚妻孛兒帖來歸、帖木真投靠王汗

〔帖木真全家〕從桑沽兒小河遷移到客魯漣河源頭的不兒吉‧額兒吉〔額兒吉為河岸、河灣之意〕安營住下。

〔孛兒帖夫人的〕母親搠壇曾送來一件黑貂皮襖，做〔她的女兒〕初見公婆的禮物。〔帖木真說：〕

「客列亦惕部的王汗 ③以前曾和父汗也速該互相結為安答（義兄弟），因為和我的父親互稱安答，那麼也就如同父親了。」

知道王汗住在土兀剌河的合剌屯〔黑林〕中，帖木真、合撒兒、別勒古台三個人就拿著那件黑貂皮襖前去。

到了王汗那裏，帖木真說：

「您以前與我父親結為安答，也就如同我的父親。因此我把我妻子呈獻給公婆的禮物帶來呈獻給您。」

說著，就把黑貂皮襖獻給了他。

王汗很高興地說：

「我要為你把散失的百姓聚合起來，

答謝你送給我黑貂皮襖。

我要為你把散去的百姓聚集到一起，

答謝你獻給我貂皮襖。

我要將此事牢記在心裏。」

此後，帖木真、合撒兒、別勒古台三人，在客列亦惕部王汗脫斡鄰勒住在土兀剌河的黑林中時，去到那裏說：

「三姓篾兒乞惕人突然來了，把我的妻子擄去了，我們來請汗父搭救我的妻子。」

王汗回答說：

「去年我沒對你說過嗎？—〔去年〕你把那件貂皮襖拿來送給我時，曾說：『父親在世時結為安答者，就和父親一樣』，給我穿上那貂皮襖時，我曾說：

『我要為你把散失的百姓聚合起來，

答謝你送給我黑貂皮襖。

我要為你把散去的百姓聚集到一起，

答謝你獻給我貂皮襖。』

我不是對你說過嗎，我要將此事牢記在心裏。如今我要履行我所說的話，為答謝你送給我的貂皮襖，我要把篾兒乞惕人全部消滅，救出你的孛兒帖夫人；為答謝你獻給我的黑貂皮襖，我要擊破所有的篾兒乞惕人，救回你的孛兒帖夫人。你派人去告

97

訴札木合弟，札木合弟正在豁兒豁納黑草原。我從這裏出兵二萬為右翼，請札木合弟出兵二萬為左翼。咱們會師〔的日期、地點〕，由札木合決定吧。」

帖木真、合撒兒、別勒古台三人，離開脫斡鄰勒汗，回到家裏。

帖木真派遣合撒兒、別勒古台二人到札木合那裏去，對札木合安答〔義兄弟〕說：

「三姓篾兒乞惕人〔襲〕來，

把我的家洗劫一空！

咱們倆不是結拜兄弟嗎？

怎樣報我此仇？

我心愛的妻子被奪走了！

咱們倆不是情同手足嗎？

怎樣雪我此恨？」

這就是派〔合撒兒等〕去告訴札木合安答的話。帖木真又讓他們把客列亦惕部脫斡鄰勒汗所說的話告訴給札木合說：

「脫斡鄰勒汗念及昔日受我汗父也速該的恩惠，願協助我。他說：『我出兵二萬為右翼，去告訴札木合弟，請札木合弟出兵二萬。會師的日期、地點，由札木合弟決定。』」

札木合聽了這些話後，說道：

「得知帖木真安答的家被洗劫一空，

我的心都疼了！

得知他心愛的妻子被奪走了，

我的肝都疼了！

要報此仇，

消滅兀都亦惕人、兀窪思‧篾兒乞惕人，

救出咱們的孛兒帖夫人！

要雪此恨，

擊破所有的合阿惕‧篾兒乞惕人，

救回咱們的孛兒帖夫人！

如今聽到拍鞍韉〔鞍墊〕聲，

就以為戰鼓聲而驚慌的脫黑脫阿，

正在不兀剌草原。

那看到有蓋的箭筒搖閃，

就逃走的答亦兒‧兀孫，

正在斡兒洹、薛涼格兩河之間的塔勒渾‧阿剌勒。

那看見風吹起蓬蒿，

就趕緊奔入黑森林（合剌槐）的合阿台‧答兒馬剌，

正在合剌只草原。

如今我們可以直趨橫渡勤勒豁河，

那裏有很多豬鬃草，

可以結成筏子渡河。

我們從那受驚的脫黑脫阿的

帳廬天窗上突襲而入，

撞塌那緊要的帳廬骨架，

把他的妻子、兒女擄掠盡絕！

撞折他的福神的門框，

把他的全體百姓一掃而空！」

第106節
札木合答允出兵相助

札木合又說：

「對帖木真安答和脫斡鄰勒汗兄兩人去說：

『我祭了遠處能見的大纛，

我敲起黑牝牛皮的

響聲鼕鼕的戰鼓，

我騎上烏騅快馬，

穿上堅韌的鎧甲，

拿起鋼槍，

搭上用山桃皮裹的利箭，

上馬去與合阿惕・篾兒乞惕人廝殺。

我祭了遠處能見的大纛，

我敲起牛牝皮做的

響聲嗡嗡的戰鼓，

我騎上黑脊快馬，

穿上皮甲衣，

拿起有柄的環刀，

搭上帶箭扣的利箭，

要與兀都亦惕‧篾兒乞惕人，

決一死戰！

脫斡鄰勒汗兄出發時，可從不兒罕‧合勒敦山前經過帖木真安答那裏，咱們在斡難河源頭的字脫罕‧字斡只地方會合。我從這裏出發，溯斡難河而上，〔帖木真〕安答的百姓正在那一帶，從他的百姓裏起兵一萬，我從這裏起兵一萬，共為二萬兵，溯斡難河而上，咱們就在字脫罕‧字斡只地方會師吧！』」

合撒兒、別勒古台二人回來，把札木合的這些話告訴了帖木真，並傳達給了脫斡鄰勒汗。

脫斡鄰勒汗獲悉札木合的話後，便率領二萬兵騎上馬出發。脫斡鄰勒汗出發時，經過不兒罕‧合勒敦山前，進向客魯漣河的不兒吉‧額兒吉。

當時帖木真正在不兒吉‧額兒吉，由於正在〔大軍行進的〕路上，他就避開大軍，溯統格黎克河而上，遷移到塔納小河邊，在不兒罕‧合勒敦山前住下，從那裏起兵。當脫斡鄰勒汗的一萬兵、脫斡鄰勒汗之弟札合‧敢不的一萬兵，這兩萬兵駐紮在乞沐兒合小河的阿因勒‧合剌合納地方時，〔帖木真來與他們〕會合。

第107節
三方出兵會師

第110節

箴兒乞惕人逃走、
帖木真救回孛兒帖

夜裏，箴兒乞惕百姓順薛涼格河而下，慌忙地逃走。

我們的軍隊在夜裏緊跟著驚慌逃走的箴兒乞惕人，追上去擄掠。

帖木真在驚慌逃走的百姓中，喊叫道：

「孛兒帖！孛兒帖！」

他邊走邊喊，遇見了她。

孛兒帖夫人在那些驚慌逃走的百姓中間，聽到帖木真的喊聲，就從車上下來，走上前去。

孛兒帖夫人和豁阿黑臣兩人雖在夜裏，也認識帖木真的韁繩和轡，就上前捉住了他的馬的韁、轡。

那夜月光明亮，帖木真一看，見是孛兒帖夫人，就猛然撲過去與她互相擁抱起來。

帖木真當夜就派人去告訴脫斡鄰勒汗、札木合安答兩人說：

「我要找的人已經找到了！夜間不必兼程行進，咱們就在這裏駐營吧。」

驚慌逃跑的箴兒乞惕百姓，夜裏漫散而走，〔不知該逃往哪裏去〕，也就地宿下了。

這就是〔帖木真〕與孛兒帖夫人相遇，把她從箴兒乞惕部落中救出來的經過。

帖木真感謝脫斡鄰勒汗、札木合兩人，說道：

「由於得到我的汗父和札木合安答兩人的協助，靠天地給增添力量，被有威勢的蒼天所眷顧，被母親大地所顧及，

我們已報男子漢之仇於篾兒乞惕百姓，

我們已把他們懷抱的心愛妻子奪取，

我們已把他們的肝破壞，

我們已洗劫了他們的家室，

我們已毀滅了他們的親族，

我們把他們剩餘的人也都俘虜了！」

大家都說：「既然已經把篾兒乞惕部落摧毀了，咱們就撤兵吧。」

帖木真、札木合二人，在豁兒豁納黑草原上一同安營住下。他們想起以前他們倆結成安答的往事，又重申安答之誼說：

「咱倆要互相親密友愛！」

最初互相結成安答時，帖木真十一歲。那時札木合送給帖木真一個狍子髀石，帖木真回贈給札木合一個灌銅的髀石，就互相結為安答，互稱安答。在斡難河冰上一起打髀石玩的時候，兩人就互相稱為安答了。

第二年春天，兩人在一起用木弓射箭玩時，札木合把他用二歲牛的兩個角黏合成的鑽了眼的有聲的

響髏頭送給帖木真，帖木真把柏木頂的髏頭回贈給札木合，〔再次〕互相結為安答。這就是第二次結為安答的經過。

第117節

帖木真、札木合再換信物、重申友愛

〔帖木真、札木合〕說：

「聽以前老人們說：『凡結為安答的，就是同一條性命，不得互相捨棄，要相依為命，互相救護。』互相親密友愛的道理應當是那樣的，如今〔咱倆〕重申安答之誼，咱倆要互相親密友愛。」

帖木真把從篾兒乞惕人脫黑脫阿處擄掠來的金腰帶，送給札木合安答繫在腰上，把脫黑脫阿的多年不生駒的海騮馬，送給札木合騎上。札木合把從兀窪思‧篾兒乞惕人答亦兒‧兀孫處擄掠來的金腰帶，送給帖木真繫在腰上，把答亦兒‧兀孫的有角的略帶灰黃色的白馬送給帖木真騎上。

在豁兒豁納黑草原上，
在忽勒答合兒山崖前，
在枝葉茂盛的大樹下，
彼此互稱安答，
互相親密友愛，
舉行盛宴相慶，
夜間同衾而眠。

阿勒壇、忽察兒、薛扯‧別乞〔等〕共同商議
好，對帖木真說：

「我們立你做汗！

帖木真你做了汗啊，

眾敵在前，

我們願做先鋒衝上去，

把美貌的姑娘、貴婦〔合屯〕，

把宮帳〔斡兒朵〕、帳房〔格兒〕，

拿來給你！

我們要把異邦百姓的美麗貴婦和美女，

把臀節好的騸馬，

擄掠來給你！

圍獵狡獸時，

我們願為先驅前去圍趕，

把曠野的野獸，

圍趕得肚皮挨著肚皮，

把山崖上的野獸，

圍趕得大腿挨著大腿！

作戰時，

如果違背你的號令，

可離散我們的妻妾，

沒收我們的家產，

把我們的頭顱拋在地上而去！

太平時日，

如果破壞了你的決議，

可沒收我們的奴僕，

奪去我們的妻妾、子女，

把我們拋棄在無人煙的地方！」

他們共同議定了這些話，立下了這樣的盟誓，稱帖木真為成吉思汗，擁立他為汗。

卷四
第128節

札木合、帖木真部屬衝突，造成二人決裂

其後，札木合的部屬給察兒，在札剌麻山前的斡列該泉邊居住時，前來搶劫住在撒阿里草原的我方拙赤·答兒馬剌的馬群。給察兒劫得拙赤·答兒馬剌的馬群而去。

拙赤·答兒馬剌的馬群被劫去時，他的同伴們膽怯不敢去追，拙赤·答兒馬剌便獨自一人去追。

夜裏，他來到他的馬群旁邊，伏在他所騎馬的馬鬃上而進，走近去把給察兒的脊骨射斷〔殺死〕，把自己的馬群驅趕回來。

第129節

十三翼之戰，札木合擊敗帖木真

因為部屬給察兒被殺，札木合等札答闌〔等〕十三部聯合起來，組成三萬騎，越過阿剌兀惕、土兒合兀惕〔兩〕山，前來攻打成吉思汗。

成吉思汗正在古連勒古山的時候，亦乞列思部的木勒客·脫塔黑、孛羅勒歹兩人前來告變。成吉思汗獲悉之後，便把他的十三圈子部眾組編成三萬騎，出發迎戰札木合。

〔雙方〕交戰於答闌‧巴勒主惕。在那裏成吉思汗被札木合進迫，退到斡難河的哲列揑峽谷。

札木合說：

「我們迫使他們躲避到斡難河的哲列揑峽谷裏去了！」

回去時，他把赤那思氏的子弟們〔活活〕煮死在七十個〔大〕鍋裏，又砍下揑兀歹‧察合安‧兀阿的腦袋，繫在馬尾上拖著回去了。

其後，雞兒年（辛酉，1201年），合答斤部、撒勒只兀惕部聯合。合答斤部的巴忽‧搠羅吉等首領，撒勒只兀惕部的赤兒吉歹‧把阿禿兒等首領，與朵兒邊部、塔塔兒部和好。朵兒邊部的合只溫‧別乞等首領，塔塔兒部的阿勒赤‧塔塔兒氏人札鄰‧不合等首領，亦乞列思部的土格‧馬合等首領，翁吉剌惕部的迭兒格克，額篾勒、阿勒灰等人，豁羅剌思部的綽納黑‧察合安等首領，從乃蠻來的古出兀惕‧乃蠻部的不亦魯黑汗，篾兒乞惕部脫黑脫阿‧別乞的兒子忽禿，斡亦剌惕部的忽都合‧別乞，泰亦赤兀惕部的塔兒忽台‧乞鄰勒禿黑、豁敦‧斡兒長、阿兀出‧把阿禿兒等泰亦赤兀惕人，這〔十一個〕部落〔的人們〕，會聚於阿勒灰泉，商議擁立札只剌惕氏人札木合為汗，一同斬殺公馬、母馬，互相立誓結盟。

他們從那裏順著額兒古涅河而下行，到達刊河流入額兒古涅河的三角洲，擁立札木合為古兒汗④。擁立了古兒汗之後，就商議去攻打成吉思汗、王汗兩人。

當時成吉思汗在古連勒古山，豁羅剌思人豁里歹把這個消息報告了他。成吉思汗獲悉後，派人告知王汗。王汗獲悉這個消息後，立即起兵，急速來到成吉思汗處。

第142節

帖木真、王汗會師，
攻擊札木合

王汗來了之後，成吉思汗、王汗兩人會合在一起，商議出兵迎戰札木合。

他們順著客魯漣河下行，成吉思汗以阿勒壇、忽察兒、答里台三人為先鋒，王汗以桑昆⑤、札合敢不、必勒格‧別乞為先鋒。

在這些先鋒的前面，派出了哨望者。在額揑堅‧歸列禿設置了一個哨望處，其前在扯克徹兒設置了一個哨望處，又其前在赤忽兒忽設置了一個哨望處。

我軍的先鋒阿勒壇、忽察兒、桑昆等到達兀惕乞牙，商議著要駐下時，從赤忽兒忽哨望處有人跑來報告說：

「敵人來了！」

〔我軍先鋒們〕得到這個消息後，就不停駐下來，說：

「咱們迎著敵人去瞭解清楚吧。」

雙方相遇，我方問道：

「來者何人？」

札木合的先鋒說：

「蒙古的阿兀出‧把阿禿兒、乃蠻的不亦魯黑汗、篾兒乞惕部脫黑脫阿‧別乞的兒子忽禿、斡亦剌惕部的忽都合‧別乞，這四個人來做札木合的先鋒。」

我軍先鋒對他們喊道：

「天色已晚，咱們明天廝殺吧！」

說著，退回到大營裏，〔與大軍〕相會合，宿下了。

第二天，〔我軍〕前進，〔與敵軍〕相接，在闊亦田地方〔與敵軍〕對陣。雙方忽上忽下移動，各自布陣。

〔敵方〕不亦魯黑汗、忽都合二人懂得用札答石呼風喚雨的法術⑥，遂施展起這種法術來。但是風雨反而逆襲他們，他們不能走脫，紛紛滾落到山溝裏。

他們說：

「上天不愛護我們！」

遂潰散而去。

第143節

闊亦田之戰，
札木合潰敗

成吉思汗想親上加親，遂為〔自己的兒子〕拙赤求娶桑昆的妹妹察兀兒・別吉，同時想把自己的〔女兒〕豁真・別吉嫁給桑昆的兒子禿撒合，互相換親嫁娶。

桑昆妄自尊大地說：

「我們家的女兒如果嫁到他家，只能站在門後〔做妾婢〕，仰看坐在正位的〔主人的臉色〕。他的女兒如果嫁到我家，是坐在正位上〔做主人〕，俯視站在門後的〔妾婢們〕！」

他如此妄自尊大地說卑視我們的話，不肯把察兀兒・別吉給我們，不同意這門親事。

成吉思汗聽到這些話後，對王汗、你勒合・桑昆兩人心意冷淡了。

於是，桑昆說道：

「他們曾求娶咱們家的女兒察兀兒・別吉，現在約定日子，去對他說：『請你來吃許婚筵』，把他叫來，然後把他捉住。」

大家都說：「好，就這樣吧！」

商議已定，就派人去〔對成吉思汗〕說：

「我們把察兀兒，別吉許給你們，請你來吃許婚筵吧。」

成吉思汗被邀請後，帶著十個人前去。途中，在蒙力克父親家裏住宿。

蒙力克父親說：

「〔以前〕求娶察兀兒・別吉時，他們瞧不起咱們，沒有答允。如今為什麼反而特地請你去吃許婚筵呢？妄自尊大的人，為什麼突然又答允親事，來邀請你去呢？說不定是什麼心思。吾兒你要弄清楚了再去。〔不如〕藉口春天到了，我們的馬瘦，要飼養馬群；派人去推辭掉。」

〔成吉思汗〕遂不去〔赴筵〕，派不合台、乞剌台兩人去吃許婚筵。成吉思汗從蒙力克父親家回去了。

不合台、乞剌台兩人來到那裏，〔桑昆等人〕商議說：

「〔咱們的計謀〕被發覺了，咱們明天早晨去包圍他，把他捉住！」

合里兀答兒、察忽兒罕兩人對成吉思汗說：

「王汗毫無戒備，正在搭起金撒帳，舉行宴會。咱們趕緊換騎疾馳，連夜兼程而行，去掩襲圍攻他們吧！」

成吉思汗同意他們所說的話，就派主兒扯歹、阿兒孩兩人當先鋒先行，〔隨後全體〕連夜兼程前進，趕到者折額兒・溫都兒山的折兒山峽的山口，包圍了〔王汗駐地〕。

包圍著廝殺了三夜三天。第三天，他們精疲力竭

地投降了。但不知王汗、桑昆兩人在夜裏是怎樣逃出去的。

敵方的戰將為只兒斤部的合答黑・把阿禿兒。合答黑・把阿禿兒前來投降，他說：

「我廝殺了三夜三天。我怎能眼看著自己的正主、可汗被人捉去殺死呢？我不忍捨棄他。為了使他能有遠離而去保全性命的機會，我廝殺著。如今，叫我死，我就死！若蒙成吉思汗恩赦，我願為您效力。」

成吉思汗嘉許了合答黑・把阿禿兒的話，降旨道：

「不忍捨棄正主、可汗，為了讓他遠離而去保全性命而廝殺的，豈不是大丈夫嗎？這是可以做友伴的人。」

遂恩賜不殺。

為了忽亦勒答兒捐軀戰場，〔成吉思汗〕降恩旨說：

「讓合答黑・把阿禿兒和一百個只兒斤部人為忽亦勒答兒的妻子、兒子們效勞，如果生下男兒，要〔世世代代〕為忽亦勒答兒的子子孫孫效勞。如果生下女兒，他們的父母不能隨意把她嫁出，應由忽亦勒答兒的妻子、兒子們在身前、身後使喚。」

為了忽亦勒答兒・薛禪首先開口〔請戰〕的緣故，成吉思汗降恩旨說：

「為了忽亦勒答兒的功勳，忽亦勒答兒的子子孫孫，可享受孤兒撫恤恩典。」

王汗、桑昆兩人隻身逃出，到了的的克・撒合勒的捏坤河。

王汗口渴，前去飲水，進到了乃蠻部哨望者豁里・速別赤那裏，被豁里・速別赤逮捕。

王汗雖然對豁里・速別赤說：

「我是王汗。」

但是豁里・速別赤不認識〔王汗〕，也不相信〔他就是王汗〕。於是，就在那裏〔把王汗〕殺死了。

桑昆沒有進到的的克・撒合勒的涅坤河去，他從外邊走，進入荒野去尋找水。有一頭野馬被蠅虻所咬，站在那裏。桑昆下馬去窺視。桑昆是和他的同伴、馬夫闊闊出以及闊闊出之妻三個人一起同行。桑昆把馬交給他的馬夫闊闊出牽著，〔不料〕這馬夫牽著他的馬，就往回跑。

他的妻子說：

「穿金衣、吃美食的時候，他不是常說『我的闊闊出』嗎？你怎麼能這樣背棄你的汗逃走呢？」

他的妻子說著就在那裏站住不走了。

闊闊出說：

「你想要桑昆做你的丈夫嗎？」

她的妻子說：

「你說我是狗臉皮的女人嗎？你把他的金盂給他，留給他舀水喝吧。」

於是馬夫闊闊出說：

「給你金盃！」

就把金盃向後拋去，馳馬而前。

馬夫闊闊出來到成吉思汗處，對成吉思汗講了把桑昆拋棄在荒野上前來的經過，以及他們在那裏所說的話。

成吉思汗降旨道：

「可恩賜其妻。而馬夫闊闊出這樣地遺棄其正主、汗前來，這樣的人如今能給誰作伴，誰敢信任？」

說著，就命人把他斬了，〔把他的屍體〕拋棄了。

第189節

乃蠻塔陽汗對帖木真有敵意，決定攻之

乃蠻部塔陽汗 ◎ 的母親古兒別速說：

「王汗是以前的年老的大可汗，把他的頭拿來！如果真是他，咱們應當祭祀！」

說著，就派遣使者到豁里・速別赤處把他的頭割下拿來。

辨認出來後，就把頭放在白色大氈子上，讓她的兒媳們行兒婦之禮，命獻酒、奏樂，奉盞而祭奠。

王汗的頭被那樣祭奠時，笑了起來。因為他笑了，塔陽汗就把他的頭踏碎。

可克薛兀・撒卜剌黑說：

「你們把已死的大汗的頭割下拿來，又把它踏碎，這樣做怎麼行啊？咱們的狗，叫出惡聲了。亦難察・必勒格汗〔以前〕曾經說過：『〔我的〕妻子

還年輕，做丈夫的我已經老了。〔兒子〕塔陽是祈禱神而生下的，他生來懦弱無能，我們乃蠻部的人大都有小瞧人的毛病，他能管得住我這些百姓嗎？』如今狗叫出將要敗亡之聲，咱們的合敦古兒別速的統治方式鋒銳，我的塔陽汗你太懦弱，除了放鷹、狩獵，你什麼心思、什麼本領也沒有！」

塔陽汗說：

「聽說東邊有那麼一些蒙古人，那些百姓用弓箭脅迫以前的年滿大汗干汗，把他嚇得逃了出來，死了。如今那些人也想當大汗嗎？天上有日、月兩個照耀著，地上怎麼可以有兩個大汗泥？咱們去把那些蒙古人捉來吧！」

他母親古兒別速說：

「要做什麼！那些蒙古人衣服灰暗，身上有惡臭氣味，讓他們離得遠遠的！只把他們的長得清秀俊美的姑娘、媳婦捉來，讓她們洗乾淨了手腳，去擠牛奶、羊奶吧！」

塔陽汗說：

「這又有什麼難辦的！咱們去〔攻打〕那些蒙古人，去把他們的弓箭奪了來！」

第193節

帖木真人少馬瘦，設定敗敵之策

鼠兒年（甲子，1204年）的孟夏四月十六日紅圓月日，祭旗出征。者別、忽必來兩人為先鋒，溯客魯漣河而上，到達了撒阿里草原。這時，乃蠻哨兵已在康合兒罕山峰上，與我們的哨兵互相追逐起來。乃蠻哨兵從我們的哨兵處捉去一匹帶破鞍的白馬。

乃蠻哨兵們捉去那匹馬之後，互相說道：

「蒙古人的馬瘦弱。」

我軍到達撒阿里草原，在那裏停下，商議怎樣作戰。

朵歹·扯兒必向成吉思汗建議說：

「咱們的兵少，不僅少，而且一路上走來，已經疲倦了。如今先停駐下來，讓馬吃飽了。咱們在這撒阿里草原上散開安營，讓每個人都點燃起五堆火，用火光來虛張聲勢，驚嚇敵人。聽說乃蠻部人數眾多，但是他們的〔塔陽〕汗是個沒有出過家門的嬌生慣養者。在用火使他們驚疑之間，咱們的馬也就吃飽了。咱們的馬吃飽後，咱們就去追趕乃蠻哨兵，緊追著他們，把他們趕到他們的中軍裏，乘著他們慌亂，衝殺進去，這樣行不行？」

成吉思汗同意他的建議，降旨道：

「傳令全軍士兵，就那樣點燃起火來。」

於是，在撒阿里草原上散開紮營，每個人點燃起五堆火。

夜間，乃蠻哨兵在康合兒罕山峰上看見許多火

光，說道，「不是說蒙古人少嗎？〔他們點燃的〕火，怎麼比〔天上的〕星星還多啊！」

於是，他們把〔捉住的〕帶破鞍的白馬送去給塔陽汗，並向他報告說：

「蒙古人的軍隊布滿了撒阿里草原，想必是每日增添，〔他們點燃的營〕火比〔天上的〕星星還多！」

札木合對塔陽汗說了這些話後，就脫離乃蠻部，自己離去了。他派人去對成吉思汗說：

「塔陽汗聽了我所說的話，已嚇得發昏，驚奔高山上去。他被我口誅舌伐，害怕地爬上山去。安答，你要堅定。他們已爬上山去，並無迎戰的氣象。我已離開了乃蠻部。」

傍晚時，成吉思汗擺開包圍納忽山崖的陣勢，宿下。

那夜，乃蠻人〔爭相〕逃走時，從納忽山崖上墜落，亂堆在一起，跌碎骨骼，如爛木頭般相壓而死。

第二天早晨，窮途末路的塔陽汗被擒獲。

古出魯克汗因在別處，帶著少數人逃脫。當〔我軍〕追上他時，他紮營於塔米兒河。他守不住營地，就又逃走了。

〔成吉思汗〕在阿勒台山前征服了乃蠻部眾。與札木合在一起的札答闌、合塔斤、撒勒只兀惕、朵兒

邊、泰亦赤兀惕、翁吉剌惕等部人在那裏歸降了。

成吉思汗派人把塔陽〔汗〕的母親古兒別速帶來，對她說：

「你不是說過蒙古人有惡臭氣味嗎？如今你怎麼來了？」

說罷，成吉思汗把她收納為妃。

卷八
第200節

札木合被俘

討平乃蠻部、篾兒乞惕部時，曾與乃蠻人在一起的札木合，他的部眾在那裏〔乃蠻地區〕被奪走了。

札木合和他的五個同伴（那可兒），同做劫賊。

〔有一天，〕他們登上黨魯山，殺了一隻羱羊燒著吃。札木合對他的同伴們說：

「誰家的兒子，今天能宰殺羱羊，這樣吃呢？」

他正在吃羱羊肉時，他的五個同伴下手把他捉住，押送到成吉思汗處。

札木合被其同伴們擒來時，讓人對其安答（義兄弟）〔成吉思汗〕說：

「烏鴉捕捉了紫鴛鴦，

下民〔合剌出〕、奴婢擒拿了他們的汗，

我的大汗安答〔義兄弟〕啊，

你說該怎麼辦？

低能的賤鳥捕捉了蒲鴨，

奴婢、家丁圍捕了本主，

我聖明的安答啊，

你說該怎麼辦？」

成吉思汗聽到札木合說的這些話後，降旨道：

「怎麼能容忍這種侵犯本主的人呢？這種人還能與誰為友伴？可傳旨：族斬侵犯本主之人！」

於是，當著札木合的面，把下手擒拿札木合的那些人全部斬殺。

成吉思汗派人去對札木合說：

「如今咱倆又相會了，咱倆仍還相伴為友吧？〔以前〕咱倆互相依靠，都是大車的　條轅，你卻產生了分離的念頭。如今咱倆可以在一起，互相提醒忘記的事。熟睡不醒時，可以互相喚醒。〔前些年〕你雖離我而行，終究還是我的有吉慶的安答〔義兄弟〕。每當生死存亡之際，你還是很關心我。離我而行時，每當爭戰之日，你也很關心我。如果要問，那是什麼時候？那是我與王汗交戰於合剌合勒只惕沙磧的時候，你曾派人把你與王汗說的話告訴我，提醒我，這是你的功勞。〔在納忽山崖與乃蠻作戰時，承你宣揚我軍的威武，〕用臂諭方式對乃蠻人口誅舌伐，危言恫嚇，使他們心驚膽戰，〔未戰先敗，〕這也是你的功勞。」

第201節

賜死札木合

札木合聽了後，說道：

「想當年年輕時，咱倆在豁兒豁納黑草原上互相結為安答（義兄弟），一起吃消化不掉的〔很多〕食物，一起說忘不了的話，同蓋一條被子睡在一起。後來被外人挑唆，被他人離間，咱倆分離了。我曾對人說過嫉妒你的話，所以不敢老著臉皮來親近你，羞於見大汗安答你溫暖的臉。回想起我以前說過的話，我不能不臉紅，羞於與有恒心的安答你真誠的臉相見。

「如今大汗安答你降恩，仍願與我做友伴。但我以前當與你做友伴時，不曾與你做友伴，如今安答你已平定全國，兼併鄰部，汗位已歸屬於你，天下已定，我與你做友伴又有何用？〔我若不死，〕只怕會使安答你夜裏睡不安穩，白天不能安心，只怕會成為你衣領上的蝨子，衣襟內的刺。我是一個毛病很多的人，離開安答你另搞一套，以致走上錯路。

「在這一生中，安答你與我二人的名聲，從日出之地到日落之地，人人皆知。安答你有賢明的母親，生下你這位豪傑，你有能幹的弟弟們，你的友伴皆為英豪，你有七十三個戰馬〔般的豪傑〕，因此我被安答你所打敗。而我自幼就失去了父母，又無兄弟，妻子是個長舌婆，友伴沒有可依靠的，因此被天命有歸的安答你所打敗。

「安答你降恩吧，令我速死，以安安答你的心。安答你降恩處死我吧，但願不流血而死去就好。我死之後，請將我的屍骨埋葬在高地，我將長久保佑你的子子孫孫。我是你的旁支親族所生，被出自旺族的安答你的威靈所屈服。我所說的話請別忘了，你們可早晚想著商議。如今請賜我速死。」

成吉思汗聽了他的這些話後說：

「我這位安答雖曾離我而去，雖對我們滿口讒議，但尚未聽說他想害我的性命，他是個可讓人們向他學習的人。他不願活，只求賜死。我令人占卜，並未入卦。無緣無故害他性命是不合適的。我們是講道理的人。現在就講一講處死他的理由，可以去告訴他：以前〔你的部下〕給察兒和〔我的部下〕拙赤‧答兒馬刺因搶奪馬群而發生爭端，你札木合安答不該妄行攻伐，攻我於答闌‧巴勒渚惕地方，逼我避入哲列捏峽谷。如今我欲與你為友伴，你不肯。我愛惜你性命，你卻只求一死。現在我就依從你的請求，讓你不流血而死。」

成吉思汗降旨道：

「可〔將札木合〕不流血處死，不得暴露其屍骨撇棄，宜以禮厚葬。」

札木合遂被〔裝入袋中窒息〕處死，他的屍骨被埋葬了。

第202節

統一蒙古後，帖木真採用尊號，分封千戶

平定了有氈帳的百姓，虎兒年（丙寅，1206年）聚會於斡難河源頭，樹立起九腳白旄纛。在那裏，被尊為成吉思汗。

在那裏，木合黎受封國王稱號；者別受命出征，去追襲乃蠻部的古出魯克汗。

整治了蒙古百姓，成吉思汗降旨道：

「共同建國有功者，在編組各千戶時，封授為千戶長。」

所封授的千戶長之名如下：

1，蒙力克父親；2，孛斡兒出；3，木合黎國王；4，豁兒赤；5，亦魯該；6，主兒扯歹；7，忽難；8，忽必來；9，者勒篾；10，禿格；11，迭該；12，脫欒；13，汪古兒；14，出勒格台；15，孛羅忽勒；16，失吉·忽禿忽；17，古出；18，闊闊出；19，豁兒豁孫；20，許孫；21，忽亦勒答兒；22，失魯孩；23，者台；24，塔孩；25，察合安·豁阿；26，阿剌黑；27，鎖兒罕·失剌；28，不魯罕；29，合剌察兒；30，闊可搠思；31，速亦客禿；32，乃牙阿；33，冢率；34，古出古兒；35，巴剌·斡羅納兒台；36，答亦兒；37，木格；38，不只兒；39，蒙古兀兒；40，朵羅阿歹；41，孛堅；42，忽都思；43，馬剌勒；44，者卜客；45，余魯罕；46，闊闊；47，者別；48，兀都台；49，巴剌·扯兒必；50，客帖；51，速別額台；52，蒙可·合勒札；53，忽兒察忽思；54，苟吉；55，

巴歹；56，乞失里黑；57，客台；58，察兀兒孩；59，翁吉闌；60，脫歡；61，帖木兒；62，篾格禿；63，合答安；64，抹羅合；65，朵里・不合；66，亦都合歹；67，失剌忽勒；68，倒溫；69，塔馬赤；70，合兀闌；71，阿勒赤；72，脫卜撒合；73，統灰歹；74，脫不合；75，阿只乃；76，禿亦迭格兒；77，薛潮兀兒；78，者迭兒；79，斡剌兒駙馬；80，輕吉牙歹；81，不合駙馬；82，忽鄰勒；83，阿失黑駙馬；84，合歹駙馬；85，赤古駙馬；86，阿勒赤駙馬等翁吉剌惕三千戶長；87，不禿駙馬等亦乞列思二千戶長；88，汪古惕部阿剌忽失・的吉惕・忽里駙馬等汪古惕五千戶長。

除森林部落外，成吉思汗任命的蒙古國的千戶長，為九十五千戶長。

共同建國、共歷艱辛的功臣，被委任為千戶長。每一千戶編組為一個千戶，委派了千戶長、百戶長、十戶長。編組了萬戶，委任了萬戶長們。各萬戶長、千戶長中，凡可給予恩賜者，給予了恩賜，頒發了恩賜聖旨。

成吉思汗降旨說：

「以前朕只有八十人做宿衛，七十名侍衛做輪番護衛。如今依靠長生天的氣力，天地的佑護，平定了全國百姓，都歸朕獨自統治。如今，可從各千戶中挑選人到朕處進入輪番護衛隊、侍衛隊中。選入

的宿衛、箭筒士、侍衛，共滿萬人。」

成吉思汗又將挑選輪番護衛的旨意，宣諭各千戶道：

「從萬戶長、千戶長、百戶長的兒子和白身人〔自由民〕的兒子中，挑選有武藝，身體、模樣好的人，可到朕處效力的人，進入輪番護衛隊。千戶長的兒子被選入時，帶伴從者（那可兒）十人、其弟一人同來。百戶長的兒子被選入時，帶伴從者五人、其弟一人同來。十戶長的兒子、白身人的兒子被選入時，帶伴從者三人、其弟一人同來，從其原居地準備好所騎的馬和必需物品前來。來到朕面前效力的千戶長的兒子及其伴從者十人，所需之物，應從其所屬千戶、百戶徵給；如果他有其父分給的家產，或自己有馬匹、人夫，則除其私產外，仍應依照朕的規定〔從其本千戶、百戶中〕徵給其餘所需之物。百戶長的兒子及其伴從者五人，十戶長的兒子、白身人的兒子及其伴從者三人，也依此例，除其私產外，〔從其本百戶、十戶中〕徵給其餘所需之物。千戶長、百戶長、十戶長及眾人，聽到朕的聖旨而違背者，以有罪論。選為朕的輪番護衛士而躲避者，不願到朕處效力而以他人代替者，應予懲罰，流放到眼不見的遠方。」

〔成吉思汗〕又說：

「有願到朕身邊效力，願來朕處學習者，不可阻

擋他前來！」

依照成吉思汗頒布的聖旨，從各千戶中挑選了人，又依照聖旨，從百戶長、十戶長的兒子中挑選了人。以前有八十名宿衛，〔如今擴充〕成了八百名。〔成吉思汗〕說：

「可在八百名之上，〔增加到〕滿一千名。」

又降旨說：

「選入宿衛隊者，不得阻擋！」

又降旨說：

「也客‧捏兀鄰為宿衛長，掌管千人〔宿衛隊〕。」

〔成吉思汗〕說：

「以前選取了四百名箭筒士。〔現〕由者勒篾的兒子也孫‧帖額擔任選取的箭筒士的首長，可與禿格的兒子不吉歹一同商量著行事。」

〔成吉思汗〕降旨道：

「箭筒士與侍衛一同輪番進入〔值班，分為四班〕：也孫‧帖額為一班箭筒士長進入，不吉歹為一班箭筒士長進入，火兒忽答黑為一班箭筒士長進入，剌卜剌合為一班箭筒士長進入。箭筒士與侍衛按各班〔輪值〕，箭筒士由上述各班箭筒士長率領〔輪流〕入值。箭筒士可增加滿一千名，以也孫‧帖額為首長。」

第225節

規定怯薛入值制度，任命首長

第226節

擴充怯薛至萬人

〔成吉思汗〕降旨說：

「以前與斡格列‧扯兒必一同進入的侍衛，可增加滿一千名，由孛斡兒出的親族斡格列‧扯兒必管領。一千名侍衛，由木合黎的親族不合管領。一千名侍衛，由亦魯該的親族阿勒赤歹管領。一千名侍衛，由朵歹‧扯兒必管領。一千名侍衛，由多豁勒忽‧扯兒必管領。一千名侍衛，由主兒扯歹的親族察乃管領。一千名侍衛，由阿勒赤的親族阿忽台管領。一千名侍衛，由阿兒孩‧合撒兒管領，由他管領〔以前〕選取的勇士們，平時為侍衛，作戰時在〔朕〕前面站著為勇士。」

從各千戶挑選來的侍衛，已達八千名；宿衛、箭筒士也各有一千名。共為一萬名輪番護衛士。

成吉思汗降旨道：

「朕以在朕身邊出力的一萬名輪番護衛士，做朕的大中軍！」

卷十

第238節

畏兀兒國王降附，
妻以公主

畏兀兒的亦都護 ⑧ 派遣使臣來見成吉思汗，命其使臣阿惕乞剌黑、答兒伯兩人〔向成吉思汗〕奏告說：

「如雲開見日，冰消河清，聽到成吉思汗的名聲，臣高興已極！若蒙成吉思汗恩賜，臣願得金帶的扣子、大紅衣服的碎片，做您的第五個兒子，為您效力！」

成吉思汗聽了他的話後,派人恩賜答覆說:

「朕把女兒賜嫁給你,讓你做朕的第五個兒子,亦都護你把金、銀、珍珠、東珠、金緞、渾金緞等緞匹送來吧!」

亦都護喜獲恩賜,帶著金、銀、珍珠、東珠、金緞、渾金緞等緞匹前來覲見成吉思汗。

成吉思汗降恩於亦都護,把〔自己的女兒〕阿勒阿勒屯賜嫁給了他。

成吉思汗降旨,把百姓分給母親、諸子、諸弟。在分給時,他說:「艱辛地收集百姓,有朕的母親。在朕的諸子之中,長子是朮赤。在朕的諸弟之中,幼弟是斡惕赤斤。」

於是,分給母親、斡惕赤斤〔共〕一萬戶百姓。母親嫌少,沒作聲。分給拙赤九千戶百姓,分給察阿歹八千戶百姓,分給斡歌歹五千戶百姓,分給拖雷五千戶百姓,分給合撒兒四千戶百姓,分給阿勒赤歹二千戶百姓,分給別勒古台一千五百戶百姓。

〔成吉思汗〕因答里台曾降附於客列亦惕人,想把他流放到眼不見的地方去。孛斡兒出、木合黎、失吉‧忽禿忽三人說:

「這樣做如同自滅灶火,自毀其家。您賢父的遺念,只剩您的叔父了。怎麼忍心拋棄他呢?他這個人是不懂事,但算了吧,就讓他住在您賢父幼時所

居的營地上，升起灶火的煙吧。」

三人說得舌敝唇焦，成吉思汗念及自己的賢父，這才聽從孛斡兒出、木合黎、失吉‧忽禿忽三人的勸告，說：

「好吧，就那樣吧。」

遂息了怒，平靜下來。

續集卷一
第247節

征伐金國

其後，成吉思汗於羊兒年（辛未年，1211年）出征金國，先取了撫州，越過了野狐嶺，又取了宣德府，派遣者別、古亦古捏克‧把阿禿兒二人為先鋒，到達居庸關。

居庸關山嶺有金軍守禦，者別說：

「咱們試著把他們引誘出來再戰吧！」

於是，率軍退走了。

金軍見者別率軍退走，便下令追擊，滿山遍野地追來。追到宣德府的山嘴時，者別掉過頭來迎戰，打敗了陸續來到的敵軍。成吉思汗的中軍接著來到，衝動金軍，打敗了契丹、女真、紅勇猛軍隊，一直追到居庸關，殺得敵軍積屍如爛木堆。

者別佔領居庸關，奪佔山嶺越過。成吉思汗駐營於龍虎台，派兵攻打中都（今北京），分遣各支軍隊攻打大小各城。

者別奉命攻打東昌城（為東京城，即今遼寧遼陽），到了東昌城攻打不下，遂退走到六天行程

處，突然返回，讓每人牽一匹從馬，連夜兼程急馳，乘著金人不備，襲取了東昌城。

金帝逃到南京〔今河南開封〕後，自請頓首歸順，派遣他的名為騰格里的兒子帶著一百個伴從者，來做成吉思汗的侍衛。

成吉思汗接受他歸順，下令退兵，經過居庸關退兵回去。同時，他命令合撒兒率領左翼軍沿著海邊行進，攻下北京（今內蒙古赤峰市寧城西大明城），北京既降，就往北經過女真〔蒲鮮〕萬奴處，萬奴若反抗，就剿捕他，他若歸順，就從其邊境諸城，沿浯剌河（今松花江）、納浯河（今嫩江）而進，溯討浯兒河（今洮兒河），越過〔山嶺〕，回到大營來會合。

說罷，就派遣他去了。在眾那顏〔眾將〕中，派遣主兒扯歹、阿勒赤、脫欒‧扯兒必三人與合撒兒一同前去。

合撒兒收降了北京城，收降了女真〔蒲鮮〕萬奴，收降了沿途諸城。合撒兒溯討浯兒河而上，回到了大營裏，下了馬。

其後，成吉思汗派往回回國（花剌子模）的兀忽納等一百名使者被截留殺死⑨。成吉思汗說：

「怎麼能讓回回國人切斷我們的金繮繩？咱們要為咱們的兀忽納等一百名使者報仇雪冤，出征回回

第253節

金帝遷都南京

第254節

決定西征回回、拙赤與察阿互為繼承人問題爭吵

國！」

正要上馬出征時，也遂妃子向成吉思汗進奏說：

「大汗您，

越高山，

渡大河，

長途遠征，

只想平定諸國。

但有生之物皆無常，

一旦您大樹般的身體突然傾倒，

您那織麻般團結起來的百姓，

交給誰掌管？

一旦您柱石般的身體突然傾倒，

您那雀群般的百姓，

交給誰掌管？

您所生的傑出的四子中，

您託付給誰？

這事該讓諸子、諸弟、眾多下民、后妃們知道。謹奏告所思及之言，請大汗降旨。」

成吉思汗降旨說：

「也遂雖是妃子，但她說的話很對。弟弟們、兒子們，孛斡兒出和木合黎，你們誰也沒有提出過這樣的話。而朕因為不是繼承祖先的汗位，〔是自己打的天下，〕竟沒有想到〔確定繼位人〕。朕還沒有遭遇到死亡，竟忘了老死這個事。兒子們之中，

拙赤你是長子，你怎麼說？你說吧。」

拙赤尚未開口，察阿歹（察合台）先說道：

「父汗讓拙赤說話，莫不是要傳位給他？我們怎能讓這篾兒乞惕野種管治？」

察阿歹正說著這話時，拙赤起來揪住察阿歹的衣領說：

「我從未聽到父汗有什麼對我另眼相看的話，你怎麼能把我當作外人？你有什麼本領勝過我，你只不過脾氣暴躁而已。我同你比賽遠射，如果我敗於你，我就割斷拇指扔掉！我同你比賽摔跤，如果我敗於你，我就倒在地上永遠不起來！〔兒臣〕願聽父汗聖裁。」

拙赤、察阿歹兩人互相揪住衣領，相持不下。孛斡兒出拉住拙赤的手，木合黎拉住察阿歹的手。成吉思汗聽著，默默無言地坐著。

站在東廂的闊闊搠思說道：

「察阿歹，你為什麼這麼急躁？你父汗在他的兒子之中，指望著你啊！你們出生之前，

有星的天空旋轉，

諸部落混戰，

沒有人進入自己的臥室，

都去互相搶劫。

有草皮的大地翻轉，

諸部落紛戰，

沒有人睡進自己的被窩，

都去互相攻殺。

那時，你母親不是〔與篾兒乞惕人〕有意相思而做出的，而是不幸的遭遇所造成的；並非偷偷摸摸幹的，是戰爭環境造成的；並非相愛而做出的，而是在戰爭中造成的無可奈何的事。

察阿歹，你怎麼可以胡言亂語，使你賢明的母后寒心？你們都是從她腹中所生下的孩子，你們是一母同胞兄弟。你不可以責怪熱愛你的母親，使她傷心；你不可以抱怨你的生身之母，指責她所悔恨的事。

當你父汗創建這個國家時，你母親與他同歷艱辛。他們同生死，共命運，從來沒有三心二意。他們以衣袖為枕，衣襟為巾，涎水為飲，牙縫中肉為食。額上的汗直流到腳底，腳底的汗直冒上額頭，小心謹慎地向前走。你母親緊裹固姑冠，嚴束其衣帶，忍饑挨餓地養育你們。從你們不會走路時開始，把你們養育長大，使你們成為男子漢，希望你們上進。賢后之心，如日之明，如海之寬。」

第257節
征服回回的歷程

兔兒年（己卯，1219年），成吉思汗在后妃中帶著忽蘭·合敦，越過阿剌亦嶺，出征回回國。出征時，在諸弟中委託斡惕赤斤那顏留守大營〔也客·阿兀魯黑〕。

〔成吉思汗〕派遣者別為先鋒，派遣速別額台為

者別的後援，又派脫忽察兒為速別額台的後援。

派遣這三個人出發時，成吉思汗囑咐說：

「要經過〔城〕外邊，走出到莎勒壇⑩的那邊，等朕來到時，你們就夾攻。」

者別去時，經過罕‧篾力克的城時，沒有驚動該城，從城外過去了。其後，速別額台也照樣不加驚動地過去了。其後，脫忽察兒擄掠了罕‧篾力克的邊城，擄掠了他的種田人。罕‧篾力克因其城被擄掠，驚慌逃走，與札剌勒丁‧莎勒壇⑪會合。

札剌勒丁‧莎勒壇、罕‧篾力克二人，前來迎戰成吉思汗。成吉思汗的前面，以失吉‧忽禿忽為先鋒。札剌勒丁‧莎勒壇、罕‧篾力克二人與失吉‧忽禿忽交戰，打敗了失吉‧忽禿忽，一直追到成吉思汗處來。這時，者別、速別額台、脫忽察兒三人，從札剌勒丁‧莎勒壇、罕‧篾力克二人背後殺來，打敗了他們，殲滅了〔他們的部分軍隊〕，使他們不能到其不合兒（不花剌）、薛迷思加卜（撒馬耳干）、兀答剌兒（托答剌）城會合，乘勝一直追到申河（印度河）。許多回回人跳入申河，淹死在河中。札剌勒丁‧莎勒壇、罕‧篾力克二人僅以身免，溯申河而上，逃走了。

成吉思汗溯申河而上，擄掠了巴惕客先，進至額客小河、格溫小河，到達巴魯安（八魯灣）原野駐營，派遣札剌亦兒氏人巴剌去追擊札剌勒丁‧莎勒壇、罕‧篾力克二人。

〔成吉思汗〕對者別、速別額台二人大加恩賜，並說：

「者別你原來名叫只兒豁阿歹，從泰亦赤兀惕部來了後，就成了者別。」

因脫忽察兒擅自擄掠罕・篾力克的邊城，驚走了罕・篾力克，依法當斬；但赦免未斬，對他加以嚴厲申斥，削去了他的管軍職務。

第263節
建立統治城市體制

成吉思汗佔領回回國後，降旨在各城設置答魯合臣[12]。

從兀籠格赤城來了回回人姓忽魯木石的名叫牙剌哇赤（牙老瓦赤）、馬思忽惕（麻速忽）的父子兩人，向成吉思汗進奏管理城市的制度。

成吉思汗聽了後，覺得有道理，就委派他〔牙剌哇赤〕的兒子馬思忽惕・忽魯木石與我們的答魯合臣們一同掌管不合兒、薛米思堅、兀籠格赤、兀丹（斡端）、乞思合兒（可失哈兒）、兀里羊（兀里罕、葉兒羌）、古先・答里勒（勒為木之誤，古先即斡端）等城。他的父親牙剌哇赤則被帶回來，受命掌管漢地的中都城。

因為回回人牙剌哇赤、馬思忽惕兩人通曉城市管理制度，所以就委派他們與答魯合臣一同掌管〔回回和〕漢地百姓〔的城市〕。

〔成吉思汗〕出征回回國共為七年。在那裏等待札刺亦兒氏人巴剌時，巴剌渡過申河，追擊札剌勒丁‧莎勒壇、罕‧篾力克兩人，直到欣都思之地。

因為札剌勒丁‧莎勒壇、罕‧篾力克兩人失蹤，〔巴剌〕追尋到欣都思中部也沒找到，便回師了。在欣都思邊境地區，〔巴剌〕擄掠了百姓，奪取了許多駱駝、許多去勢山羊後，回來了。

成吉思汗從那裏回師，途中在額兒的失河畔駐夏。第七年雞兒年（乙酉，1225年）秋天，回到了土兀剌河畔黑林中的行宮〔斡兒朵思〕裏。

成吉思汗從察速禿山出發，駐營於兀剌孩城，從兀剌孩城出發，攻破了靈州（朵兒篾該）城。

這時，不兒罕前來覲見成吉思汗。不兒罕來覲見時，帶著以金佛為首的金銀器皿九九，男孩、女子九九，騙馬、駱駝九九，以各色九九禮物前來覲見。遂命不兒罕在門陰下拜見。拜見時，成吉思汗感到厭惡。

第三天，成吉思汗降旨賜亦魯忽‧不兒罕以失都兒忽之名。成吉思汗把亦魯忽‧不兒罕‧失都兒忽⑩召來賜死，降旨命脫欒‧扯兒必下手處死他。脫欒‧扯兒必下手殺死亦魯忽後，回奏了成吉思汗。成吉思汗降旨道：

「朕來與唐兀惕百姓算帳時，途中在阿兒不合地

方圍獵野馬時肌膚受傷，你脫欒愛惜朕的性命、身體，建議朕先把病養好。因敵人出言惡毒，朕繼續出征，蒙長生天佑護，征服敵人，報了仇。如今有亦魯忽帶來的行宮、器皿，給你脫欒拿去吧！」

第268節
毀滅西夏與成吉思汗之死

〔成吉思汗〕俘虜了唐兀惕百姓，殺死了亦魯忽・不兒罕・失都兒忽，把唐兀惕百姓從父母直到子孫的子孫消滅乾淨。成吉思汗降旨說：

「每次吃飯時，都要說：把他們消滅乾淨，殺死，消滅掉！」

因為唐兀惕百姓不履行諾言，所以成吉思汗再次征討唐兀惕百姓，滅掉了唐兀惕百姓，然後回來。

豬兒年（丁亥，1227年），成吉思汗升天⑭。〔成吉思汗〕升天後，把許多唐兀惕百姓留給了也遂合敦。

第269節
斡歌歹選立為汗

鼠兒年（戊子，1228年），察阿歹、巴禿（拔都）等右翼宗王，斡惕赤斤那顏、也古、也孫格等左翼宗王，拖雷等本部宗王，公主們、駙馬們、萬戶長們、千戶長們聚集到一起，大聚會於客魯漣河闊迭兀・阿剌里地方，遵從成吉思汗指定繼位人的聖旨，擁立斡歌歹・合罕為大汗⑮。

兄長察阿歹擁立其弟斡歌歹・合罕為大汗。察阿歹兄長、拖雷二人將守衛其父成吉思汗金性命的〔一千名〕宿衛、〔一千名〕箭筒士、八千名侍衛，

將其父汗的貼身私屬萬名輪番護衛士，交給了斡歌
歹‧合罕。本部百姓也照道理交給了他。

〔斡歌歹‧合罕〕討平了金帝，將他改名為「小
廝」，擄掠了其金銀、紋緞、財物、淮馬、小廝。設
置了先鋒、探馬臣⑩，在南京、中都等各處城邑設置
了答魯合臣後，〔斡歌歹‧合罕〕平安地回到合剌‧豁
魯木⑪住下。

第273節
斡歌歹可汗滅金

斡歌歹‧合罕說：

「朕坐在父汗的大位上，在父汗之後，所做的
〔第一件〕事是，出征金國，滅掉了金國。朕做的
第二件是，為使我們的使臣在路上疾馳，以及搬運
所需用的東西，設置了驛站。朕做的又一件事是，
在沒有水的地方挖掘出井，使百姓得到水和草。朕
還做的〔第四件事〕是，在各處城邑的百姓中，設
置了先鋒、探馬臣，使百姓能過安定生活。在父汗
之後，朕增添了這四件事。

奉父汗之命坐在大位上，朕承擔著統治眾百姓
的重任，但朕卻沉湎於酒，這是朕的過錯，是朕的
第一件過錯。朕的第二件過錯是，無理地聽從婦人
的話，娶了斡惕赤斤叔父所屬百姓中的女子，犯了
錯誤。身為國君、合罕，做了無理的錯事，這是朕
的一件過錯。還有暗害多豁勒忽的一件過錯。怎麼

第281節
斡歌歹可汗自評功過

說這是過錯呢，因為朕暗害了為朕父汗效力的多豁勒忽，這就是過錯。如今誰還肯為朕如此效力呢？不瞭解在朕父汗的眾人面前循理謹慎的人而加以暗害，這是朕應該自責的。還有，朕只怕天地所生的野獸跑到兄弟們處去，竟貪心地築起寨牆攔堵，以致兄弟們發出怨言，這也是一件過錯。

〔總之，〕朕在父汗之後，增做了四件事，也做了四件錯事。」

第282節

跋文：本書寫就的年月和地方

會聚在一起舉行了極為隆重盛大的最高國事會議（也可·忽鄰勒塔，即大忽里台）後，鼠兒年七月，帳殿群駐紮在客魯漣河的闊迭額·阿剌勒的朵羅安·孛勒答黑與失勒斤扯克兩山之間時，寫畢〔此書〕。

【注釋】

① 帖木真（temüjin）——意為「鐵匠」或「鐵一般堅強的人」、「鐵人」。

② 侍衛——《秘史》原文作「土兒合兀惕」（turqa'ut），旁譯「伴當」，不確切。應為侍衛。《元史·兵志一》作禿魯華或禿魯花，又作質子軍，即在大汗身邊充當質子的侍衛。

③ 王汗——客列亦惕部主。本名脫斡鄰勒，王汗為其尊號。約1150年代時嗣父位為汗、因殘殺諸叔，被其叔古兒汗逐走。後得也速該出兵相助恢復汗位，遂與也速該結為義兄弟。

④ 古兒汗——又譯菊兒汗、菊兒汗、鞠兒汗、闊兒汗、局兒汗。意為強大的汗、所有各部落之汗、汗中之汗、大汗。蒙古高原各部落以此稱西遼皇帝。客列亦惕部首領亦曾用此稱號。札木合被推舉為諸部聯盟首領，遂被尊為古兒汗。

⑤ 桑昆——王汗之子。《親征錄》、《元史》作鮮昆，此為其稱號，即遼朝官號「詳穩」之音轉。此人之名為你勒合（《親征錄》譯作亦剌合、《元史》譯作亦臘喝）。

⑥ 用札答石呼風喚雨的法術——《秘史》原文為「札答」，旁譯「能致風雨的事」。札答，又譯鮓答，酢答。這是當時蒙古地區薩滿教巫師施行的一種巫術。楊瑀《山居新話》曰：「蒙古人有能祈雨者，輒以石子數枚，浸於水盆中玩弄，口念咒語，多獲應驗。石子名曰酢答，乃走獸腹中之石，大者如雞子，小者不一，但得牛馬者為貴，恐亦是牛黃狗寶之類。」

⑦ 塔陽汗——《親征錄》作太陽可汗，《元史》作太陽罕、泰陽罕。「塔陽」，即漢語「大王」之音轉。塔陽汗為乃蠻王亦難察·必勒格汗的長子，繼承其王位，原名台不花（見《史集》漢譯本，第一卷第二分冊，第149—150頁）。

⑧ 亦都護——高昌畏兀兒國王的世襲尊號，意為「天賜予福祉者」。

⑨ 成吉思汗派往回回國的兀忽納等一百名使者被截留殺死——回回國，即十三世紀初領有中亞、西亞廣大疆土的花剌子模帝國。1218年春，蒙古國派往花剌子模國的商隊四百五十人，到達該國邊境城市訛答剌（今哈薩克斯坦南哈薩克斯

139

坦州希姆肯特西北帖木兒）時，被誣指為間諜，除一人逃回，其餘四百四十九人都被逮捕處死，貨物被全部沒收。成吉思汗派遣三名使臣指責花剌子模國王馬合謀背信棄義，要求交出兇手。馬合謀拒絕要求，下令毆死為首使臣，將其餘二使臣侮辱性地剃去鬍鬚逐回。成吉思汗遂決意西征花剌子模國（見《世界征服者史》何高濟譯本，第91—93頁；《史集》漢譯本，第一卷第二分冊，第258—260頁；《多桑蒙古史》馮承鈞譯本，中華書局1962年版，上冊，第94頁）。

⑩ 莎勒壇——《秘史》又譯速勒壇，《親征錄》譯作速里壇，《元史》譯作算端、算灘、鎮潭，《西遊錄》譯作梭里檀。伊斯蘭教徒的國王稱號。今譯蘇丹。

⑪ 札剌勒丁‧莎勒壇——又譯札蘭丁算端。花剌子模國王阿剌丁‧馬合謀的長子。1220年十二月末，馬合謀病死於裏海小島中，傳位於札蘭丁。1221年春，札蘭丁來到其原封地哥疾寧（今阿富汗加茲尼），聚集十餘萬軍隊。夏，大敗失吉‧忽禿忽所率三萬蒙古軍於八魯灣（今阿富汗恰里卡爾東北）。秋，成吉思汗親率大軍追來。十一月，札蘭丁退至印度河邊，與成吉思汗大軍激戰，被擊潰，逃入印度。後來，札蘭丁返回波斯，率領所部進行反抗蒙古的鬥爭，直到1231年死去為止。

⑫ 答魯合臣——又譯達魯花赤。蒙古語「鎮守者」之意。蒙古在被征服的各國、各族的主要地區、城市、投降的非蒙古軍隊中皆置答魯合臣監治，掌實權。元朝建立後，路、府、州、縣及南方少數民族地區長官司皆設答魯合臣。按規定，答魯合臣由蒙古人及個別色目人擔任，漢人、南人不得擔任。

⑬ 亦魯忽‧不兒罕‧失都兒忽——指西夏末帝李睍。「亦魯忽‧不兒罕」，為「本初佛」之意，是蒙古人對西夏國王的稱呼。「失都兒忽」，為蒙古語「誠實的」之意，為成吉思汗賜給李睍的帶有揶揄意味的賜號。

⑭ 成吉思汗升天——成吉思汗於丁亥年（1227）秋七月己丑日（八月二十五日）病死於秦州清水縣（今屬甘肅）西江駐地大帳中，享年六十六。元世祖至元二年（1265），上廟號太

祖，三年，追謚聖武皇帝。蒙古諸將遵照他遺留的滅西夏的
秘計，於他病死後秘不發喪，滅掉西夏之後，護送他的靈柩
返回克魯倫河上游以西的薩里川（撒阿里草原）哈老徒行宮
（即其第二斡耳朵）後，才發喪、舉哀。然後，將他安葬在
他生前選定的不兒罕·合勒敦山（今肯特山）山陽的一處風
景秀麗的山谷——起輦谷中。

在明代，由蒙元歷代斡耳朵（行宮）所屬人員形成的鄂爾
多斯部落，守護奉祀成吉思汗的「八白室」（八座白色的氈
帳）。鄂爾多斯部於十五世紀後葉遷入河套駐牧，「八白室」
從此遷入河套。十六世紀時，鄂爾多斯部將「八白室」設在
該部首領濟農（副可汗）的牙帳附近。

清初，鄂爾多斯部歸順清朝後，設伊克昭（意為「大廟」）
盟，額璘臣濟農任盟長，主持「八白室」的祭祀活動。額
璘臣的駐地在郡王旗，為了祭祀和會盟的方便，他把「八
白室」遷入其駐地內，「八白室」所在地被命名為伊金霍洛
（意為「帝王陵寢」）。在清代，伊克昭盟鄂爾多斯左翼中旗
（今伊金霍洛旗）的伊金霍洛之地，遂有成吉思汗陵園，內
有象徵性地紀念成吉思汗的靈櫬。

1939年，「成吉思汗靈櫬」為免遭日本帝國主義和蒙奸、
漢奸的侵犯，從伊金霍洛遷到甘肅榆中縣興隆山東山大佛
殿。1949年八月，馬步芳將「成吉思汗靈櫬」從榆中遷到青
海湟中縣塔爾寺。

1954年四月，內蒙古人民政府將成吉思汗靈櫬從塔爾寺遷回
伊金霍洛。1955年，人民政府撥一百二十餘萬元巨款興建成
吉思汗新陵園於伊金霍洛旗胡浪鄂包山一帶。1956年五月，
成吉思汗新陵園建成。

⑯《秘史》誤記元太宗窩闊台即位於戊子鼠年（1228），據《親
征錄》、《元史·太宗紀》所載，元太宗即位於己丑牛年
（1229）秋八月。《親征錄》：「己丑八月二十四日，諸王、
駙馬、百官大會怯綠連河曲雕·阿蘭，共冊太宗皇帝登極。」
《元史·太宗紀》：「元年己丑……秋八月己未，諸王百官大
會於怯綠連河曲雕·阿蘭之地，以太祖遺詔即皇帝位於庫鐵
烏阿剌里。」曲雕·阿蘭、庫鐵烏·阿剌里，即闊迭兀·阿

141

刺勒之異譯。

⑯ 探馬臣——《元史》作探馬赤。楊志玖等認為，探馬赤為蒙元軍種之一，蒙古國時期為從各千人隊、百人隊抽選組成的，包含有各部落人的精銳部隊，作戰時充當先鋒，後為鎮戍各地的鎮戍軍（見楊志玖《元史三論》中所收論探馬赤軍諸文）。

⑰ 合剌‧豁魯木——《史集》作哈剌和林，《元史》作和林。突厥語「黑圓石」之意。蒙古國京城。始建於元太宗七年（1235）。一說得名於鄂爾渾河發源之哈剌和林山，一說得名於鄂爾渾河上源哈剌和林河。由漢族為主的各族工匠建成。城南北約四里，東西約二里。大汗宮殿萬安宮在城西南隅。城內有兩個居民區，一為漢人工匠聚居區，一為回回人聚居區，內有市場。有許多官員府邸，十二所佛寺道觀，二座清真寺，一座基督教堂。有四個城門，東門為穀市，西門為羊市，南門為牛、車市，北門為馬市。

成吉思汗繼位圖，出自拉施特《史集》插畫。

成吉思汗的子孫們
Genghis Khan's Family

蒙元帝系表（1206-1368）

體例說明
太祖　成吉思汗　帖木真

太祖：廟號
成吉思汗：汗號
帖木真：名字

太祖　成吉思汗　帖木真
統治時間：1206-1227

太宗　窩闊台
統治時間：1229-1241

睿宗　拖雷
統治時間：1228

定宗　貴由
統治時間：1246-1248

憲宗　蒙哥
統治時間：1251-1259

顯宗　甘麻剌
未統治

順宗　答剌麻八剌
未統治

泰定帝　也孫帖木兒
統治時間；1323-1328

仁宗　普顏篤　愛育黎拔力八達
統治時間：1311-1320

天順帝　阿剌吉八
統治時間；1328

英宗　格堅　碩德八剌
統治時間：1320-1323

世祖　薛禪汗　忽必烈
統治時間：1260-1294

裕宗　真金
未統治

成宗　完澤篤　帖穆耳
統治時間：1294-1307

武宗　曲律　海山
統治時間：1307-1311

文宗　札牙篤　圖帖睦爾
統治時間：1328-1329-1332

明宗　護都圖　和世（王束）
統治時間：1329

順帝　兀哈篤　妥懽貼睦爾
統治時間：1333-1368

寧宗　懿璘質班
統治時間：1332

延伸的書、音樂、影像
Books, Audio & Videos

《蒙古秘史》

作者：余大鈞 譯注

出版社：河北人民出版社，2007年

本書記錄了成吉思汗先祖譜系、傳說及事蹟，成吉思汗和窩闊台汗的事蹟，是研究古代遊牧狩獵諸部落，尤其是蒙古諸部落的社會發展、社會經濟、政治軍事制度、風俗習慣、原始宗教信仰等方面的原始資料。

《蒙古秘史新譯並註釋》

作作者：札奇斯欽

出版社：台北聯經出版社，2006年

《蒙古秘史》的蒙文原本已佚，存世的是明初「漢譯蒙音本」，稱作《元朝秘史》。本書根據《元朝秘史》還原為蒙文，再譯為漢文，並據元朝史事加以注釋。

《走進蒙古國》

作者：孟松林

出版社：內蒙古大學出版社，2007年

透過「蒙古印象、自然藝術的國度、人與自然和諧的讚歌、蒙古西部行有感、探訪成吉思汗誕生地」五個部分，全面詳細地介紹了蒙古國的自然、人文、藝術等環境內容。

《成吉思汗與蒙古高原》

作者：孟松林

出版社：新世界出版社，2009年

作者先後花費二十餘年，將《蒙古秘史》上的每一個地名都用自己的腳步去丈量核實，幾乎將成吉思汗一生用圖片和文字完整地記錄了下來，而且修正了長期以來的許多錯誤。

《蒼狼：成吉思汗》

作者：井上靖

譯者：林永福

出版社：遠流出版社，1995年

作者井上靖，日本著名小說家。作品《蒼狼》是以蒙古男人是狼的傳說，描寫出成吉思汗高傲又孤獨的一生。

《我的家在高原上》

作者：席慕蓉

出版社：圓神出版社，2004年

台灣作家席慕蓉將回到家鄉蒙古高原的情懷，化成動人的文字，書中表露出對故鄉的孺慕之情，以及無盡思念的天涯赤子心。新版攝影由作者與林東生、王行恭、白龍、護和、毛傳凱合作，用多幅不同角度的照片，呈現蒙古高原的壯大風光。

《迭里溫・孤山》

作者：杜蘊慈 著，黃惠玲 攝影

出版社：大塊文化，2007年

不知是什麼因緣，讓杜蘊慈與黃惠玲這兩個台灣女子，這麼投入去寫去拍攝蒙古，她們說只是為了追逐童年的一個夢想。杜蘊慈幼時啟蒙的《蒙古秘史》是她們旅途中最大的追尋，從烏蘭巴托往東北方走，進入大肯特山以及額嫩河流域，她們要走訪秘史記載的史實發生地。

《蒙古文化與社會》

作者：札奇斯欽

出版社：台灣商務，1992年

本書概括性的論述蒙古游牧民族的社會和文化，從生活方式、宗教信仰到歷史上社會政治制度，經濟、政治與軍事組織等各節，按年代劃分，以歷史因素及近代社會科學方法，做出分析。

《蒙古王》

導演：謝爾蓋　波德羅夫（Sergei Bodrov）

演員：淺野忠信、孫紅雷、白鷹

由俄羅斯名導演謝爾蓋執導，以蒙古的強人成吉思汗的一生為主題。影片拍攝耗時四年，分別在中國、蒙古與哈薩克斯坦等地取景，於2007年上映。本片榮獲2007年奧斯卡最佳外語片提名。

《成吉思汗：征服到地海的盡頭》

導演：澤井信一郎

演員：反町隆史、菊川怜、若村麻由美、松山健一

根據日本作家井上靖小說《蒼狼》改編，於2007年上映。本片為紀念成吉思汗統一蒙古八百周年之際，由日蒙韓跨國合作，將成吉思汗的一生搬上大螢幕。全程在蒙古實地拍攝，並邀請日本的知名影星演出，描繪出這位歷史英雄的真面貌。

《騰格爾：草原情唱》

演出者：騰格爾

發行公司：風潮音樂，2005年

收錄多首蒙古民歌小品，選自《夢中戈壁》、《八千里路雲和月》、《四十獨白》等多張專輯，呈現騰格爾柔情的一面，唱著草原上的情歌。

經典3.0
ClassicsNow.net

世界征服者實錄 蒙古秘史

導讀：蕭啟慶
攝影：孟松林

策畫：郝明義
主編：徐淑卿
美術設計：張士勇
編輯：李佳姍
圖片編輯：陳怡慈
編輯助理：崔瑋娟
美術編輯：倪孟慧　戴妙容
邊欄短文寫作：許正弘
校對：呂佳真

感謝北京故宮博物院對本書之圖片內容提供特別支持與協助

企畫：網路與書股份有限公司
出版者：大塊文化出版股份有限公司
台北市10550南京東路四段25號11樓
www.locuspublishing.com
讀者服務專線：0800-006689
TEL：886-2-87123898　FAX：886-2-87123897
郵撥帳號：18955675
戶名：大塊文化出版股份有限公司
法律顧問：全理法律事務所董安丹律師

總經銷：大和書報圖書股份有限公司
地址：台北縣新莊市五工五路2號
TEL：886-2-8990-2588　FAX：886-2-2290-1658
製版：瑞豐實業股份有限公司
初版一刷：2010年5月
定價：新台幣220元
Printed in Taiwan

世界征服者實錄《蒙古祕史》＝ The Secret History c
the Mongols／ 蕭啟慶導讀 ；孟松林攝影． -- 初版．
-- 臺北市：大塊文化，2010.05
面；　公分． -- （經典 3.0；009）

ISBN 978-986-213-176-3(平裝)

1. 蒙古史

625.7　　　　　　　　　99004723